L'imagier

Mémoires des ânes & des mulets

Texte, photos, iconographie documentaire :

Gérard Rossini

ÉQUINOXE

Sommaire

1ère partie

L'âne en général

2e partie

Différents ânes

3e partie

les Métiers de l'âne

4e partie

la Symbolique de l'âne

5e partie

l'Âne en pratique

L'œil de l'âne est en forme d'amande et contribue beaucoup à son capital sympathie.

« Animal quadrupède, bien connu par plusieurs défauts
et par plusieurs bonnes qualités,
de sorte qu'il n'y a aucun animal
qui soit plus dédaigné et plus employé. »

DIDEROT D'ALEMBERT,
Encyclopédie, 1759

Ière partie

de L'âne en Général

Âneries

Qu'est-ce qui rend l'âne sympathique a priori ? Probablement son regard, amical et un peu triste, sa propension à venir vers l'homme, comme recherchant son contact, son attitude précautionneuse et presque tendre avec les enfants d'humain, son absence d'agressivité naturelle, sa réputation de bon à tout faire, affable et serviable.

J'ai eu à plusieurs reprises l'occasion d'assister à la naissance d'un ânon ou d'être présent quelques minutes plus tard. J'ai toujours été frappé par une scène à chaque fois répétée : le bébé, encore trempé – dont on se demande bien par parenthèse comment il pouvait tenir dans le ventre de sa mère – n'a qu'une démarche en tête dès qu'il tient debout, c'est-à-dire après dix minutes ou un quart d'heure : venir vous voir ! Ce qui n'est d'ailleurs pas du goût de la maman qui, sans s'y opposer formellement, s'efforce de se placer entre son rejeton et vous.

Cet animal donc, qui un quart d'heure plus tôt n'avait jamais vu un champ, un arbre, sa mère – de l'extérieur –, le ciel ou ses congénères s'il y en a, semble n'avoir qu'une préoccupation : vous souhaiter la bienvenue. Ils sont rares les animaux agissant de la sorte !

Peu farouche, l'âne est aussi délicat : à maintes reprises, j'ai pu observer son comportement étonnant vis-à-vis des enfants :

Faites l'expérience : emportez avec vous quelques pommes – c'est l'une des friandises préférées du quadrupède à grandes oreilles –. Commencez par lui en proposer de la main à la main : malgré son envie, il y a beaucoup de chance pour qu'il ne la prenne pas et, comme tous les animaux, il s'arrangera pour la faire tomber sur le sol avant de la croquer en plusieurs fois. Pour le cas où vous n'avez pas compris, il est capable de recommencer jusqu'à ce que vous déposiez par terre la quatrième ou la cinquième. A présent, vous avez le mode d'emploi ; demandez à un enfant de cinq ou six ans de lui tendre une pomme : l'âne a compris qu'il n'obtiendra pas de lui ce qu'il vous a enseigné. Il ira chercher, avec mille précautions, du bout de ses dents – que, comme vous les vôtres, il ne voit pas – le fruit convoité, qu'il posera délicatement par terre pour le croquer à son aise. Cette expérience est parfaitement révélatrice de la connivence qui unit l'âne à l'homme, dès lors que l'on respecte son "mode d'emploi".

Mais cette complicité a probablement une autre raison : un fondement plus "psy", que je n'ai jamais lu nulle part, et qui pourtant me semble évident :

De tous les animaux domestiques – au moins de nos contrées – l'âne est le seul qui soit à l'échelle humaine.

Le cheval est grand – trop pour être véritablement le meilleur ami de l'homme qu'on prétend –, la vache est trop grosse et, même si elle

est probablement moins stupide que le disent ceux qui ne la connaissent pas, elle n'est pas un modèle de subtilité.

La chèvre est trop petite, comme le chien et le chat, le cochon est trop petit et trop gros.

Seul l'âne est à l'échelle : de la taille d'un adulte, ou un peu plus petit, plus grand que les enfants de l'homme, il a hérité de la nature ce format idéal du compagnon à quatre pattes. Nous verrons qu'il sait le mettre à profit.

Et quand bien même irait-on chercher du côté des animaux sauvages, seuls le chevreuil et le cerf et sa biche ont à peu près le même format, plus court pour le chevreuil, plus costaud pour le cerf et la biche.

Les planches didactiques du 19e ne sont pas forcément d'une rigoureuse exactitude…

Cette absence de suprématie physique s'accompagne d'une inégalité flagrante : l'âne est seulement armé de ses dents et de ses sabots. Il sait s'en servir le cas échéant, mais c'est un peu bref. L'homme, a priori moins équipé, sait, lui, se munir d'un bâton.

Et voilà bien tout le malheur de notre sujet : durant des siècles, des millénaires, l'âne et ses cousins, le mulet et le bardot, ont été élevés à coups de bâton.

Il ne faut pas chercher plus loin la triste réputation dont il a été affublé jusqu'à des temps récents.

Prenez n'importe quel humain et faites-lui subir le même sort : insultes et coups de bâton : ne deviendra-t-il pas rapidement têtu, borné, indiscipliné, voire méchant ? Il aura en tout cas bien peu de chance de devenir gentil, doux et épanoui.

L'âne a donc été victime de mauvais traitements. Et comme il est intelligent, sa réponse a toujours été à la mesure des souffrances endurées : l'indifférence d'abord, le mépris ensuite, la grève enfin, quelles que fussent les menaces. Car lorsqu'un âne refuse d'avancer, de porter ou de tirer, il a ses raisons : fâcheuses expériences précédentes ou simplement fatigué.

Ânerie du XVIIIe

L'âne promeneur
ou
Critès promené par son âne

GORSAS - 1786

Comment !… un âne le héros d'un ouvrage !…

Un âne, le jouet de tous les animaux,
Un stupide animal, sujet à mille maux,
Dont le nom seul en soi comprend une satyre !
Un âne ! Pourquoi non ? qui vous excite à rire ?
Vous vous moquez de lui ; mais s'il pouvait un jour,
Messieurs sur nos défauts s'exprimer à son tour ;
Si, pour nous réformer, le ciel prudent et sage,
De la parole enfin lui permettait l'usage ;
Qu'il pût dire tout haut ce qu'il se dit tout bas ;
Ah ! Messieurs, entre nous, que ne dirait-il pas ?
Et que peut-il penser, lorsque dans une rue,
Au milieu de Paris il promène sa vue ;
Qu'il voit de toutes parts des hommes bigarrés,
Les uns gris, les uns noirs, les autres chamarrés ?
Que dit-il, quand il voit, avec la mort en trousse,
Courir chez un malade un assassin en housse ;
Qu'il trouve de pédans un escadron fourré,
Suivi par un recteur de bedeaux entouré ;
Ou qu'il voit la justice en grosse compagnie,
Mener tuer un homme avec cérémonie ?
Que pense-t-il de nous, lorsque sur le midi,
Un hasard au palais le conduit un jeudi,
Lorsqu'il entend de loin, d'une gueule infernale,
La chicane en fureur mugir dans la grand'salle ?
Que dit-il, quand il voit les juges, les huissiers,
Les clercs, les procureurs, les sergents, les greffiers ?
Que dit-il . . . . brigue,
. . . . intrigue ;
. . . . né,
. . . . fortuné ?
O que, si l'âne alors, à bon droit misanthrope,
Pouvait trouver la voix qu'il eut au temps d'Esope,
De tous côtés, Messieurs, voyant les hommes fous,
Qu'il dirait de bon cœur, sans en être jaloux,
Content de ses chardons, et secouant la tête :
Ma foi, non plus que nous, l'homme n'est qu'une bête.

Le cri de l'âne

Le cri de l'âne est le braiment.

Il résulte d'une ingestion et d'une expulsion successives et répétées d'une grande quantité d'air dans les poumons.

Le fameux Hi-Han s'entend de loin. D'une façon générale l'âne brait pour manifester un contentement – doucement –, une inquiétude – plus fort : il donne l'alerte – ou un mécontentement profond – il hurle.

Les femelles ont tendance à moins braire que les mâles, mais elles savent très bien le faire, notamment si leur ânon est menacé par quoi que ce soit.

Comme le rire chez l'homme, le braiment de l'âne est communicatif. Dans les endroits où plusieurs ânes habitent des enclos différents, il n'est pas rare que, le soir, un braiment déclenche un concert cacophonique.

A la foire d'Allauch, dans la banlieue de Marseille, l'an passé, il y avait une bonne centaine d'ânes, peut-être cent cinquante. A dix heures du matin, un âne qui trouvait que l'installation de son bât durait un peu trop, se mit à braire. Trois minutes plus tard, presque tous les ânes lui avaient emboîté la voix. C'était un tintamarre épouvantable et sur la Canebière, à quelques kilomètres, on a dû se demander d'où venait ce vacarme terrifhihan.

L'âne qui brait (en haut) et l'âne qui baîlle (ci-dessus).

LA ROBE
de l'Âne

La robe de l'âne est l'un des éléments identifiants de la race ou de la famille. Elle est variable au sein d'une même famille et, comme chez l'homme en matière d'hérédité, peut réserver des surprises.

Il arrive que la robe d'un ânon d'une ânesse grise saillie par un âne gris ne soit pas grise. Ces exceptions sont plus nombreuses lorsque la robe n'est pas uniforme.

Mais en règle générale, la couleur sera très proche de l'un des deux parents, d'où l'intérêt des standards, y compris dans les couleurs.

Les robes les plus fréquentes chez l'âne sont de couleur baie (marron-roux avec l'extrémité des poils noire) et grise.

Ces robes paraissent plus ou moins foncées, selon la longueur de la partie noire à l'extrémité du poil. On voit très bien en écartant les poils que la partie proche du corps est presque toujours beaucoup plus claire, et pas seulement pour des raisons de poussière à l'extérieur.

L'ânon naît avec un poil différent de celui qu'il aura quelques mois plus tard. Ce premier pelage – ou bourre – qui le fait ressembler à une grosse peluche disparaîtra au bout de quelques mois pour laisser la place au poil définitif.

La robe est alors soit :

baie (bai clair, bai foncé, bai brun, bai brun foncé)
grise (gris clair, gris foncé, gris bleu)
tourterelle (gris rosé)
blanche (rare en Europe)
bouchard (entièrement noire)
pie (blanche avec tache sombre)
pommelée (blanche avec taches grises uniformément réparties)

La plupart des ânes portent en outre la raie muletière foncée qui va de la crinière à la queue, mais cette raie est difficilement "lisible" sur les robes très foncées.

Enfin certaines familles portent la croix de saint André de façon extrêmement marquée et/ou quelques zébrures sur les membres (voir tableau des familles page 49).

Ajoutons que presque tous les ânes ont l'extrémité du museau blanche : la nature fait bien les choses, leur grande langue leur permettant de tenir propre cette partie bien visible.

Le poil lisse et luisant est, comme chez tous les animaux, un signe de bonne santé… sauf chez le baudet du Poitou qui s'enorgueillit d'une robe bouclée virant au rasta si on ne la brosse pas. Nous en reparlerons…

« Pour gagner les souks par les ruelles, l'intendant me fit seller une mule noire à pompons rouges. »

COLETTE
Journal à rebours - Oum-el-Hassen

Le nettoyage en règle de la robe de l'ânon est assez fastidieux

La crinière est souvent verticale, parfois tombante

Entre trois et six mois, l'ânon perd sa "bourre" au profit de la robe définitive

L'âne qui se prenait pour un zèbre

Un âne se prenait désespérément pour un zèbre.
Il s'en fut consulter l'analogue
Qui l'adressa à son confrère, l'âne à liste.
Celui-ci l'envisagea soigneusement
De la pointe des oreilles aux sabots,
Réfléchit gravement en lissant sa barbiche
Et pria l'équidé d'user du canapé.
– Confiez-vous lui dit-il en regardant sa liste.
– Voyez ces rayures noires sur mon beau pelage blanc !
Le savant l'écoutait, regardant perplexe la sobre robe grise.
Après l'avoir longuement entendu,
Il livra son verdict en repliant sa feuille :
– Un petit décalage de personne alitée.
Une douzaine de séances en viendraient bien à bout.
Ce qui fut dit fut fait, et quelques mois plus tard,
Le praticien, encaissant l'honoraire, vanta la guérison :
– C'est bien brai dit l'âne en se mirant :
Ces jolies rayures blanches sur ma belle robe noire
Sont du meilleur effet, et puis elles sont plus gaies !

(Petit fablier du XXe siècle
G. Rossini, 2001)

La robe tourterelle est faite de poils gris-beige bleutés et rosés

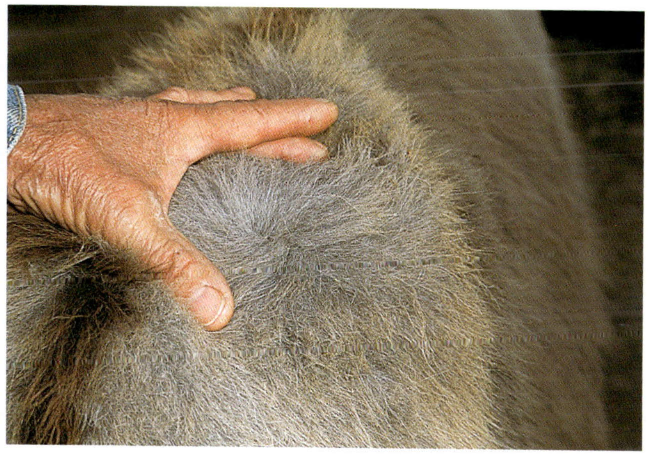

Les poils sont toujours plus clairs au voisinage de la peau

« J'ouvrais ma porte, pour voir le petit cheval nain grimper l'escalier, de ses pieds adroits, non ferrés. L'âne blanc le suivait, sabotant sec. »

Colette
L'envers du music-hall - Lola

LES SENS de l'Âne

ANE.

Il est peu courant de trouver les sens aussi développés chez un animal domestique. Le premier de ceux-là, emblématique, c'est l'ouïe.

Il serait dommage qu'avec de telles oreilles, l'âne entende peu. Les oreilles agissent comme deux pavillons orientables : l'âne est capable de les diriger à peu près partout, et même de les placer à l'horizontale ou plus bas si nécessaire. Sauf strictement vers l'arrière, il peut donc après avoir détecté un bruit, le préciser en orientant convenablement ses oreilles. Et s'il n'a pu le localiser, il peut tourner la tête de façon plus importante que le cheval (Bourdelle). La cavité auriculaire du crâne est d'ailleurs proportionnellement plus importante que chez ce dernier.

La vue est peut-être le point faible de l'âne : ou plutôt son champ visuel : l'âne voit en effet correctement pour un quadrupède, mais pas de très près à cause de la forme de son crâne, en tout cas pas ce qui est tout près du bout de son nez, et son champ de vision, bien que satisfaisant, est un peu restreint par rapport à d'autres : sur certaines photos comme celle de la couverture de cet ouvrage, on voit que l'œil est très protégé par l'os de l'arcade sourcilière et, sauf vers le bas, le champ s'en trouve un peu raccourci. Rappelons tout de même que les œillères facilitent la marche de l'âne en montagne et que, donc, l'angle de vision potentielle n'est pas étroit.

L'odorat est également très développé, bien complété par les poils de son museau qui jouent un rôle important dans la reconnaissance de tout ce qu'il approche ou qu'il va manger. Ce dispositif lui permet aussi de reconnaître ses congénères et toutes sortes d'odeurs importantes pour la vie du groupe.

Le sens du "toucher" pourrait être discuté. Paradoxalement, c'est l'un des sens les plus développés de l'âne, celui qui le rend très habile sur les chemins de montagne, et dont hérite le mulet lors du croisement avec la jument.

La dureté sans égale du sabot est complétée d'une irrigation et d'une sensibilité extrême du pied. En cela aussi – et peut-être surtout – il se distingue du cheval.

Il est difficile de se prononcer sur le développement du goût chez l'âne. Quelques indices comme sa propension à refuser l'eau polluée – après l'avoir goûtée – laissent penser que là encore l'âne a hérité de ses lointains ancêtres sauvages un arsenal de défense assez complet. Evidemment, sa prédilection légendaire pour les chardons et les ronces laisse un peu perplexe sur ce plan. Mais, en dehors des pointes, le chardon est un cousin proche de l'artichaut et du cardon. Posons donc comme un postulat que l'âne a le goût développé, mais pas le même que nous. Comme on sait, des goûts et des couleurs...

Voilà pour les cinq sens qui sont une chose. La sensualité en est une autre.

Peut-être aura-t-on droit un jour à un ouvrage sur le sujet.

L'âne a en commun avec le quadrupède des basses-cours ses grandes oreilles pointues. Mais il partage avec lui un autre trait de caractère.

L'âne est un chaud lapin.

L'âne mâle en tout cas.

Beau nez d'âne : les poils du museau ont un rôle sensoriel important.

L'expérience populaire lui attribue un tempérament ardent – c'est peu dire – à l'instar du bélier et du bouc. C'est une providence pour les éleveurs, et une mauvaise affaire pour lui dans certains cas.

À la grande époque des mulets, le baudet étalon était confiné à l'écurie et il n'était pas rare qu'il n'en sorte que pour les comices, les femelles à saillir lui étant présentées à domicile. C'est une vie sexuellement agitée mais un peu terne.

L'autre mauvaise affaire, c'est que l'âne mâle qui ne peut satisfaire ses pulsions a tendance à devenir ombrageux : c'était – et c'est encore – une autre providence pour les vétérinaires dont la castration des ânes est un savoir-faire obligé. Ajoutons que cela n'empêche pas – théoriquement – les saillies, mais qu'elles demeurent stériles.

Ce tempérament chaud est souvent bien visible et, dans les foires aux ânes, il est bien rare qu'un ou plusieurs mâles ne manifestent pas spectaculairement l'excitation provoquée par la présence de quelques dizaines de femelles. L'aspect de la pauvre bête est alors particulièrement ridicule et, plus encore que chez le cheval à cause de ses pattes plus courtes, on dirait l'animal à cinq pattes, conscient du burlesque de la scène, malheureux comme une pierre.

C'est seulement dans les fables que l'âne se délecte des œufs : il est exclusivement herbivore

« Bouge pas, j'ai l'impression qu'on nous observe. »

« Un âne a le double avantage de chanter haut et d'entendre clair, sans parler d'un troisième qui n'est pas mince. Que de moyens pour réussir dans le monde ! »

JOSEPH GORSAS
L'âne promeneur

Cet épisode participe à présent à l'éducation des petits citadins qui n'ont plus l'occasion d'assister "*live*" au mécanisme de la reproduction, et il n'est qu'à voir le sourire embarrassé des parents rendus absolument sourds aux questions des bambins par le brouhaha ambiant pour comprendre que les fermes pédagogiques devraient se multiplier. Cela n'éviterait sûrement pas la circulation des cassettes sous le manteau dans les cours de récréation, mais les rendrait probablement moins traumatisantes.

Puisque nous sommes dans le thème, abordons brièvement le grave sujet du plaisir chez l'âne.

Jacky Davézé m'a rapporté deux anecdotes révélatrices :

Il m'a affirmé avoir vu, de ses yeux vu, un âne « se faire une gâterie », ce dont l'animal a paraît-il l'habitude !

On lui a par ailleurs rapporté qu'une ânesse se faisait quotidiennement saillir par son compagnon jusqu'à la veille de sa maternité !

Dans les deux cas, nous sommes loin de l'instinct de reproduction et, pour ce qui concerne le premier, son contorsionnisme le met a priori à l'abri des rhumatismes pour ses vieux jours…

LA MATERNITÉ CHEZ l'Âne

La maternité prochaine n'exclut pas la gymnastique hygiénique

Comme beaucoup d'animaux domestiques, une des vocations de l'âne – encouragée par l'homme – est de procréer.

Le mâle y est, nous l'avons vu, tout à fait disposé, presque autant qu'on le veut, dès qu'il est adulte, c'est-à-dire lorsque les testicules sont descendues, entre 20 et 30 mois (il y a des exceptions dans les deux sens).

Les ânesses se plient à ce devoir naturel avec beaucoup d'application, d'amour maternel et de persévérance. La nature donne à l'ânesse ses premières chaleurs entre 8-10 mois et 15 mois.

L'éleveur a soin de retarder le moment de la première naissance à l'âge de trois ou quatre ans, lorsque le squelette est bien formé.

Trois éléments distinguent l'ânesse des autres mammifères :

la durée de la gestation
la reprise des chaleurs
un amour maternel immodéré.

La durée de la gestation est exceptionnellement longue et peu précise.

Tous les auteurs se sont battus là-dessus, ce n'est sûrement pas moi qui vais trancher. J'ai lu 360 jours, 375 jours, 390 jours, douze lunes, treize lunes. Il semble bien que cette notion de lune, récurrente dans les phénomènes de naissance, ait son importance.

Plusieurs éleveurs m'ont indiqué comme durée de gestation entre 12 et 13 lunes, ce qui donne effectivement entre 335 et 365 jours (les lunes n'ont pas toutes 28 jours, il y a l'équivalent lunaire des années bissextiles).

Deux éleveurs m'ont dit n'avoir jamais pris cette fourchette en défaut lorsque la date de la saillie était précisément connue. Un autre m'a affirmé que selon ses calculs la durée de gestation était de 12 lunes plus l'intervalle entre la saillie et la pleine lune suivante… ce qui n'est pas incompatible.

En haut : la veille. Ci-dessus : une heure après la naissance ; le placenta est visible sur la droite.

Bref, la durée est de presque un an, ce qui est peu commun.

La reprise des chaleurs est très rapide : huit à douze jours, et certaines ânesses donnent ponctuellement naissance à un ânon chaque année, d'où peut-être la confusion avec la durée de la gestation.

La mise bas a généralement lieu le matin, juste avant le lever du jour… ce qui est très contrariant pour le photographe. Moins d'une heure plus tard, l'ânon tient sur ses pattes, un peu vacillant, mais c'est tout de même surprenant.

Vingt-quatre heures après, l'ânon est une grosse peluche vivante, totalement craquante, ce que petits et grands confirment à l'unanimité, comme les photos ci-jointes.

L'ânesse est très attentive à son rejeton et son dévouement est total.

En 1769, dans son *Éloge de l'Asne*, Cajot note déjà :

La Vieillesse, ce marteau qui brise la tête du serpent le plus superbe, ne semble épargner que les ânes. Plus ils sont vieux, dit M. Buffon, plus ils sont ardents au plaisir. Si les amants sont heureux, les ânes le sont toujours.

Moins tardif que l'homme, à peine l'âne a trois ans, qu'il est déjà en état de reproduire son semblable. L'ânesse est encore plus précoce, elle n'est qu'un enfant, et elle éprouve déjà les transports de l'amour. La tendresse de l'âne pour sa compagne, s'étend aussi sur sa progéniture : il a pour elle le plus fort attachement.

On ne lui reprochera jamais de l'avoir étouffée au moment de sa naissance, de l'avoir exposée au milieu des rues, de l'avoir abandonnée ; les ânes de Montmartre ont un cœur, ils en suivent toujours les tendres mouvements.

L'ânon est toujours une grosse peluche craquante.

L'usage ne s'est point introduit parmi nos ânesses, de donner leurs petits à nourrir à des inconnues, à des mercenaires ; elles savent qu'elles sont mères, et ce titre est trop doux, trop respectable, pour ne pas remplir les devoirs qu'il leur impose. Rarement elles ont plusieurs petits à la fois ; mais quel qu'en soit le nombre, elles ne les quittent point ; malheur à qui voudrait les enlever, elles les défendraient au péril de leur vie. Pline le naturaliste, assure que lorsqu'on sépare la mère de son petit, elle passe à travers les flammes pour aller le rejoindre. C'est ici qu'on pourrait s'écrier avec raison, le chef-d'œuvre d'amour, est le cœur d'une mère.

Lorsque l'ânon commence à s'accroître, à se fortifier, l'ânesse le mène toujours avec elle, lui donne de bons conseils, de bons exemples, de bonnes leçons. Elle sait que ce n'est rien que de lui avoir formé le corps, si elle ne cultive son cœur : elle y donne tous ses soins.

Les travaux de cette bonne mère, ne sont point infructueux : les ânons aiment leurs parents, ils les respectent : leur présence les réjouit, leur absence les afflige ; ils ne sont bien qu'avec eux. Que de pères et mères voudraient bien pouvoir en dire autant.

Vous me voulez avec la tête droite ou penchée comme ça ?

Les ânons entre eux sont fort unis : comme ils partagent la tendresse de leur mère, il n'y a point parmi eux d'enfant gâté, ni par conséquent de jaloux. Toujours gais, toujours folâtrant, ils sont moins des frères, que de tendres amis.

Quand l'âge d'être utile est arrivé, ils sont déjà accoutumés au travail ; l'exemple de leur mère est leur loi : ils sentent qu'ils ne sont pas nés pour croupir dans une molle oisiveté ; ils deviennent sages, posés, laborieux : ce sont de vrais Catons.

« L'ânon s'avança en balançant sa grosse tête, il chercha la mamelle et, cou tendu, il se mit à pomper à pleine bouche en tremblant de la queue. L'ânesse regardait les hommes avec ses beaux yeux moussus comme des pierres de forêt. De temps en temps elle criait parce que l'ânon tétait trop vite. »

JEAN GIONO
Le Grand Troupeau

Quelques peluches craquantes.

Lorsque l'enfant paraît, le cercle de famille…

On n'est pas de la même famille, mais on s'entend très bien.

« Il y avait là un petit âne gris de Provence, tout timide,
arborant sa croix noire comme un prédicateur,
un baudet roux ébouriffé, et une grande ânesse noire qui faisait la fière.
C'était comme une arche de Noé de la gent asine. »

Guy de Maupassant
Nouvelles

2e partie

Différents Ânes

LES COUSINS DE l'Âne

Âne de Somalie.

L'âne est un équidé. Il appartient donc au genre *Equus*, qui comprend également les chevaux et les zèbres. Sa différence la plus évidente avec le zèbre est la robe, presque unie chez l'âne, rayée chez le zèbre.

Avec le cheval les différences sont plus nombreuses : les oreilles beaucoup plus grandes, la queue poilue seulement à l'extrémité, les sabots ovales et les châtaignes limitées aux pattes antérieures.

Voilà pour l'âne en général, l'âne domestique que nous connaissons en Europe. Mais l'âne a des cousins sauvages : en Afrique et en Asie. Un peu partout en déclin ou bien en voie de disparition comme beaucoup d'espèces sauvages que l'Homme s'est appropriées, souvent simplement pour leur viande.

En Asie les cousins de l'âne sont au nombre de 4 :

l'onagre
l'hémione
le kiang
l'hémippe

l'onagre étant le plus voisin de l'âne.

Les quatre familles ont en commun la rapidité de leur course – rançon ou cause de leur statut sauvage – et des sens très développés : vue, ouïe, odorat.

L'hémione habite la Mongolie, la Sibérie et la Chine du nord.

Le kiang est la variété montagnarde de l'hémione.

L'hémippe est le plus proche du cheval et habite la Syrie.

En Afrique, l'âne de Nubie et l'âne de Somalie se partagent – si l'on peut dire – le cheptel asinien.

Ils sont tous les deux devenus rarissimes et on ne sait pas aujourd'hui s'ils existeront encore dans trente ans ailleurs que dans les zoos.

Ils étaient pourtant prédisposés au climat africain : l'âne possède en effet avec le chameau la faculté de pouvoir modifier sa température interne au gré des circonstances, ce qui lui permet de se contenter temporairement de rations alimentaires limitées et de très peu d'eau.

Restent… les mulets ou plutôt les mulets et bardots.

Peut-on parler de cousins s'agissant nécessairement d'enfants d'ânes ?

Le mulet est le fruit du croisement d'un âne et d'une jument, le bardot est l'inverse : un cheval et une ânesse.

En tant que bâtards, ils sont normalement stériles mais il y a quelques exceptions qui signent une anomalie : dans ce cas, il s'agit plutôt d'ânes ou de chevaux légèrement abâtardis.

Le mulet a donc hérité de la puissance du cheval et de la subtilité et de l'endurance de l'âne. L'Homme a évidemment su en tirer parti.

« Péremptoire, mal embouchée, capricieuse comme un onagre, Elise parlait, ou ne parlait pas. »

COLETTE
L'Étoile Vesper

Âne blanc d'Egypte.

« Les Naturalistes distinguent deux sortes d'ânes : les sauvages et les privés. Il n'y a point de différence entre les sauvages : ils sont tous grands, beaux, faits au tour, et surtout fort légers. Il y en a beaucoup dans les déserts de la Libye et de Numidie : ils sont gris et courent si vite qu'il n'y a que les chevaux barbes qui puissent les atteindre à la course. Ce sont les plus jolis ânes du monde ; ils sont sauvages, c'est leur seul défaut. »

Cajot
Éloge de l'Asne - 1769

Sous différentes formes,
l'âne est présent
dans le monde entier.

Un Âne
DES ÂNES

Tout un chacun a pu voir au hasard de ses déplacements et promenades des ânes très différents : des grands, des petits, des noirs, des bruns, des blancs, des gris, des gris clair et des gris foncé. C'est que comme chez beaucoup d'espèces, il y a des races, et à l'intérieur de ces races, des familles.

Ici, comme à l'habitude, les choses se compliquent : il y a les tenants de la vérité scientifique – pure et dure – mais on sait qu'elle a parfois une fâcheuse tendance à évoluer avec le temps, et les pragmatiques qui souhaitent plutôt s'en tenir aux traditions locales et à ce qu'ils voient. Chacun détient "sa" vérité et, l'âne n'échappant pas à la règle, ceux-ci et ceux-là s'écharpent parfois farouchement pour des problèmes de terminologie, quand ils ne conversent pas par mépris interposé. S'agissant des races d'ânes, question dont l'importance fondamentale n'a échappé à personne, la situation est la suivante, pour s'en tenir à l'Hexagone et son voisinage immédiat :

Les scientifiques ne connaissent que deux races : le poitevin et le catalan. Toutes les autres prétendues ne sont que des familles issues de croisements entre ces deux races-là.

Et de fournir, comme preuves de leurs certitudes, des analyses sérologiques irréfutables.

Les "ânophiles" de rétorquer : *Quid* du grand noir du Berry, de l'âne de Provence, de l'âne du Cotentin et autres gentils quadrupèdes ?

Ce ne sont que des croisements ajoutent les scientifiques avec un brin de condescendance péjorative et provocatrice.

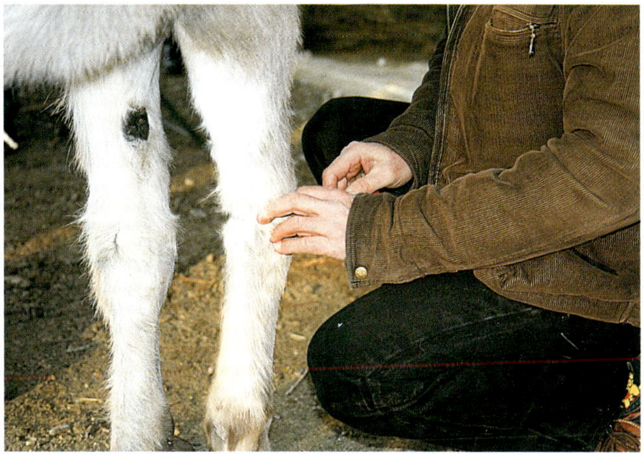

L'âne est mesuré et examiné

Une fois cela posé, et pour ménager l'âne et la carotte, nous nous efforcerons de ne pas utiliser le terme de race pour désigner une famille, et nous passerons en revue les familles – nombreuses – qu'on peut rencontrer en France.

Et d'abord, donc, qu'est-ce qu'une famille ?

C'est un ensemble d'individus qui possèdent en commun certains critères physiologiques, géographiques ou comportementaux.

La tendance actuelle est à la prépondérance géographique, nous verrons pourquoi.

On s'est donc préoccupé récemment, à la fin du vingtième siècle, de définir, pour chaque grande famille, des "standards", un peu comme depuis bien longtemps pour les chiens.

Ces standards sont nécessairement subjectifs : la taille est factuelle, mais d'où détiendrait-on que la fourchette admise est une vérité ? C'est donc l'usage, le consensus, les traditions, voire l'esthétisme, qui ont prévalu, ce qui gratouille un peu les hommes de science.

Le résultat est là et le fonctionnement du système est le suivant :

À l'instar des chevaux et des bovins, chaque âne non clandestin reçoit désormais une immatriculation : pour schématiser, elle est basée, un peu comme notre numéro de sécurité sociale, sur la date et le lieu de naissance, ainsi qu'un numéro d'ordre, l'ensemble étant identifiant et n'ayant, en tant qu'administratif, aucun rapport avec le "nom" arbitrairement donné par l'éleveur ou le propriétaire : Popeye, Cadichon, Loanna, ou autre…

Ainsi immatriculé, l'âne est paré pour ses différentes pérégrinations civiles ou vétérinaires : cession, hérédité, soins ou interventions.

Le reste relève de la seule volonté du propriétaire : il peut décider ou non de faire confirmer son âne, c'est-à-dire le faire inscrire comme âne de telle famille sur le stud-book de la famille en question.

Cette nomenclature est tenue très officiellement par une association reconnue par le Ministère de l'Agriculture. Elle regroupe, outre les propriétaires, éleveurs ou sympathisants, des vétérinaires, des représentants des haras et toute personne pouvant faire valoir une compétence particulière.

S'il ne répond pas aux critères de la "famille", l'âne est ajourné.

S'il répond parfaitement à ces critères, il est inscrit au livre A.

S'il y répond "presque", il est inscrit au livre B. Dans ce cas, il pourra être représenté ultérieurement si le défaut qui l'a empêché de figurer au livre A a disparu (taille insuffisante, arrière-main non définitive pour une jeune ânesse).

Cette procédure permet d'obtenir au fil des ans une population d'ânes répondant le mieux possible au standard de la famille.

Ajoutons qu'il existe des tolérances et que l'on admet par exemple deux ou trois centimètres en trop ou en moins si tous les autres critères sont parfaitement respectés… ou si le charme de la bête a fait craquer la Commission.

Pour l'éleveur professionnel, le livre A est évidemment une récompense et une probabilité élevée de descendance conforme, donc valorisée.

Pour le propriétaire amateur, ce peut être une satisfaction personnelle qui n'a pourtant rien à voir avec le plaisir que peut apporter un âne : le plus mal foutu des ânes peut être le plus merveilleux des compagnons.

Chaque année, une Commission se réunit une ou plusieurs fois pour examiner les ânes qui postulent à l'inscription au "book" de la famille. Cela se fait souvent à l'occasion des foires aux ânes ou autres rassemblements ou festivités. L'âne est mesuré et examiné, jaugé par les différents membres de la Commission qui, après discussions parfois acharnées, prononce ou non l'inscription de l'animal.

Répétons que, contrairement à “l’immatriculation” cette démarche est absolument facultative et que personne n’est fondé à l’imposer.

L’hérédité joue pourtant un rôle non négligeable : les Commissions y sont sensibles, et il peut se faire qu’on vous demande votre âne pour saillir une ânesse ou, à l’inverse, votre ânesse pour porter l’ânon d’un Cadichon adoré…

Ces familles sont désormais une dizaine en France :

l’âne catalan
le baudet du Poitou
l’âne du Cotentin
le grand noir du Berry
l’âne de Provence
l’âne du Bourbonnais
l’âne corse

auxquelles il convient d’ajouter une famille fourre-tout :

l’âne français
et surtout une autre… le mulet.

Certains ânes ne répondent pas aux critères officiels d’une famille : ils sont aussi agréables et précieux que les autres.

Le Baudet DU POITOU

L'âne du Poitou – ou baudet – tient une place à part dans la population asine, pour plusieurs raisons :

Un look particulier : c'est le seul âne à poil long,

Un historique particulier : le stud-book date de 1884,

Une importance particulière : durant des décennies, les mulets étaient essentiellement générés par les ânes du Poitou.

Le look

Au premier coup d'œil, on reconnaît un âne du Poitou : ses longs poils bruns qui prennent avec le temps des allures de tresses “rasta” ne laissent personne indifférent. Au point d'ailleurs de susciter quelques polémiques : les instances agricoles qui s'efforcent à la fin du 19e de rendre attrayants les concours et comices déplorent l'apparence négligée de cet intrus : bourailloux, guenilloux, les sobriquets parlent d'eux-mêmes.

Voici la protestation publiée par un notable en 1906 :

Au sujet des baudets, je prendrai la liberté de faire ici une petite digression, voire même une légère critique. Chacun sait, pour en avoir été témoin dans les concours, quelle est la surprise, la stupéfaction même du public profane, lorsqu'on le met en présence des plus beaux guenilloux de l'espèce. Le public ne peut comprendre que ces guenilles, ces pendeloques, ce long manteau, feutré de poils et d'immondices, recouvrant des membres tuméfiés et verruqueux, soient un signe de beauté.

Il ne comprend pas, qu'alors que les soins de propreté sont donnés à tous les animaux de la ferme – y compris parfois même le porc –, le baudet seul en soit sevré. Il comprend encore moins, si on lui explique que le malheureux baudet est un être emmuré, un prisonnier à perpétuité, auquel tout exercice, tous ébats, autres que ceux de sa fonction, sont refusés. Et s'il compare la situation de lépreux de l'étalon – âne à l'état privilégié de l'étalon – cheval, apprenant d'ailleurs quelle est la valeur du premier, il ne comprend plus du tout. Le public n'a certainement pas tort.

Qu'il me soit permis, à ce sujet, de rappeler un souvenir personnel. Il y a une vingtaine d'années, étant en mission aux Etats-Unis, j'étudiais l'économie rurale du Kentucky, grand état producteur, comme on sait, de tabac, de mulets et d'eau-de-vie de grain. J'y vis de nombreux et beaux mulets : les gros ou mulets à sucre, réservés à la culture de la canne en Louisiane ; les moyens ou mulets à coton, destinés à la culture de cette plante dans le Sud-Est. Je me rappelle aussi avoir vu un atelier : les baudets y étaient soignés à la manière des chevaux, soumis à un léger exercice et n'en avaient nécessairement que meilleur caractère. Quant à leurs produits, ils comptaient parmi les plus beaux de la région ; pourquoi ce qui se fait aux Etats-Unis ne se ferait-il pas couramment en France ?

De conversations que j'ai eues, d'ailleurs, avec plusieurs éleveurs des Deux-Sèvres, il résulte que peut-être le temps n'est pas éloigné où cette amélioration se généralisera. Mais il y a là une habitude aussi invétérée que peu justifiée, contre laquelle, dans la crainte d'une diminution dans les prix de vente, les meilleurs éleveurs hésitent à réagir. Je pense que le Stud-Book et le Syndicat d'élevage des animaux mulassiers, qui comptent dans leur sein tant d'hommes d'intelligence et de valeur, feront le nécessaire pour opérer au plus tôt cette réaction. Ils y seront certainement aidés par l'administration de l'Agriculture : rien n'empêcherait, en effet, de créer des primes spéciales pour récompenser les éleveurs dont les étalons – ânes seraient tenus comme le sont les étalons – chevaux…

Désiré

C'était un baudet superbe qui faisait l'orgueil de son propriétaire, au Langon en Vendée, dans les années 1895 à 1905.

Monsieur Coulais n'était pas peu fier de présenter son étalon "guenillou" dans tous les comices de la région.

Et l'on pourra voir ci-dessus qu'il avait effectivement fière allure avec ses "bigoudis" pendouillant jusqu'à terre.

Son nom : "Désiré" !

Ce qui était assez bien trouvé pour un étalon.

De fait, Désiré mena une longue carrière de reproducteur et sa vie sexuelle dut être un tantinet harassante (tiens, tiens…).

En 1910, Désiré s'apprêtait à prendre une retraite bien méritée lorsqu'il fut remarqué par le directeur d'un cirque argentin. Une offre substantielle décida Monsieur Coulais à s'en séparer, la relève étant assurée par la descendance.

Pour la première fois de sa vie, Désiré vit la mer et embarqua…

Las, c'est bien connu, les ânes n'aiment pas l'eau et n'ont pas le pied marin : il mourut quelques jours avant son arrivée à Buenos Aires.

3 FAMILLE BAUDET
LE GRAND-PÈRE

3 FAMILLE BAUDET
MEUNIER
BLÉ
LE PÈRE

3 FAMILLE BAUDET
LE FILS

3 FAMILLE BAUDET
CAFÉ
LA GRAND'MÈRE

3 FAMILLE BAUDET
LA MÈRE

3 FAMILLE BAUDET
LA FILLE

L'Âne DE PROVENCE

C'est sans doute le plus célèbre des ânes de France. Il y a à cela des raisons : immortalisé par les écrits de Giono, de Pagnol et de Daudet, santon incontournable dans toute crèche traditionnelle, le petit âne gris à la croix de Saint André est l'un des plus petits du cheptel français : 1,20 m à 1,30 m au garrot.

Comme nous l'avons vu, ce n'est pas une race à proprement parler mais plutôt une famille. Depuis 1995 et sa reconnaissance officielle par les haras nationaux, elle possède son propre *stud-book* selon les critères suivants :

Taille : 1,20 m à 1,33 m pour le mâle
1,17 m à 1,30 m pour la femelle.

La robe de couleur gris tourterelle peut présenter des nuances du clair au foncé, teintées de marron-roux, mais toujours ornée de la croix de Saint André très marquée.

Les robes blanche, baie et baie-brune sont rédhibitoires pour l'inscription.

Les oreilles sont longues, l'encolure forte et la tête, d'ossature également forte, est bien attachée à l'encolure.

Le tour des yeux est presque toujours blanc. Les oreilles, le front et le bord des yeux sont nuancés de marron-roux.

Le sabot est proportionnellement plus large que celui des autres ânes, intermédiaire avec celui d'un cheval.

Les membres sont solides, à ossature forte et souvent marqués de zébrures noires plus ou moins nombreuses et prononcées.

L'arrière-main est solide, le dos droit et le rein large.

Depuis sa reconnaissance, l'âne de Provence est l'objet d'un intérêt accru : les foires aux ânes se multiplient, souvent l'occasion d'une journée "d'agrément" officiel par la commission *ad hoc*.

Beaucoup de particuliers disposant de surface souhaitent acquérir un ou deux ânes pour entretenir leur terrain. Les bénévoles de l'Association Âne de Provence dénoncent tout à la fois les "ânes-papiers" (animaux sélectionnés pour leur stricte appartenance au livre A, issus souvent de parents eux-mêmes inscrits au livre A) et les "ânes-tondeuses", surtout destinés à l'entretien du terrain.

Blanc beau nez et beau nez blanc.

Entre les deux, il y a probablement la place pour de nombreux compagnons, mais la “race” n’est pas sauvée : on considère que 1 500 animaux est le seuil au-dessus duquel la pérennité est assurée. Or, l’effectif actuel est d’environ 500 têtes recensées. En 2002, 41 naissances ont été enregistrées, ce qui est notoirement insuffisant compte tenu de la mortalité post-natale : les accidents, la foudre, la non-acceptation par le troupeau et d’autres raisons font chuter de près d’un quart le nombre des animaux qui deviendront adultes. Et puis il y a encore les tarifs que la rareté relative rend prohibitifs.

Bref, la situation, pour n’être pas catastrophique, n’est pas idéale, et les gens de l’Association ne ménagent pas leurs efforts pour promouvoir l’âne de Provence qui trouve depuis quelque temps une nouvelle affectation de débroussailleur, notamment dans les massifs du Midi. Il s’acquitte de cette tâche avec beaucoup d’application et c’est peut-être ce qui le sauvera.

Kolinda, 5 ans, inscrite au livre A en 2003.

L'aire d'implantation de l'âne de Provence s'étend jusqu'à la Savoie.

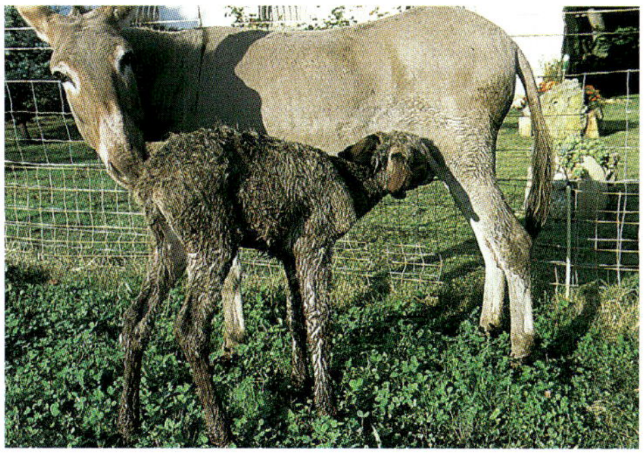

En Provence, beaucoup d'ânesses donnent naissance chaque année à un ânon.

24 heures après la naissance, la démarche est encore mal assurée et la croix est encore invisible sous la bourre.

Avec des oreilles comme ça, on entend tout.

La robe de l'adulte est le plus souvent gris clair

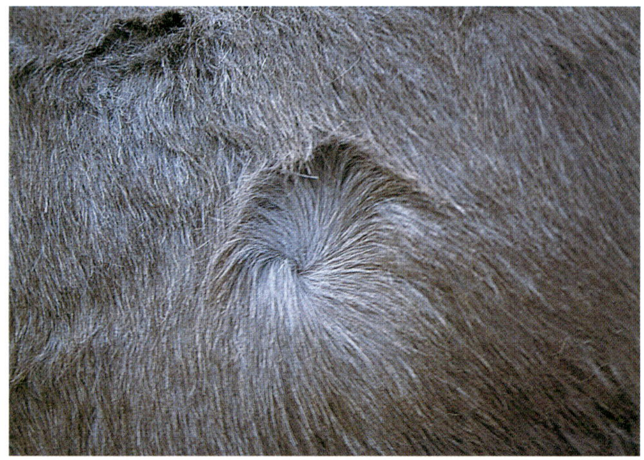

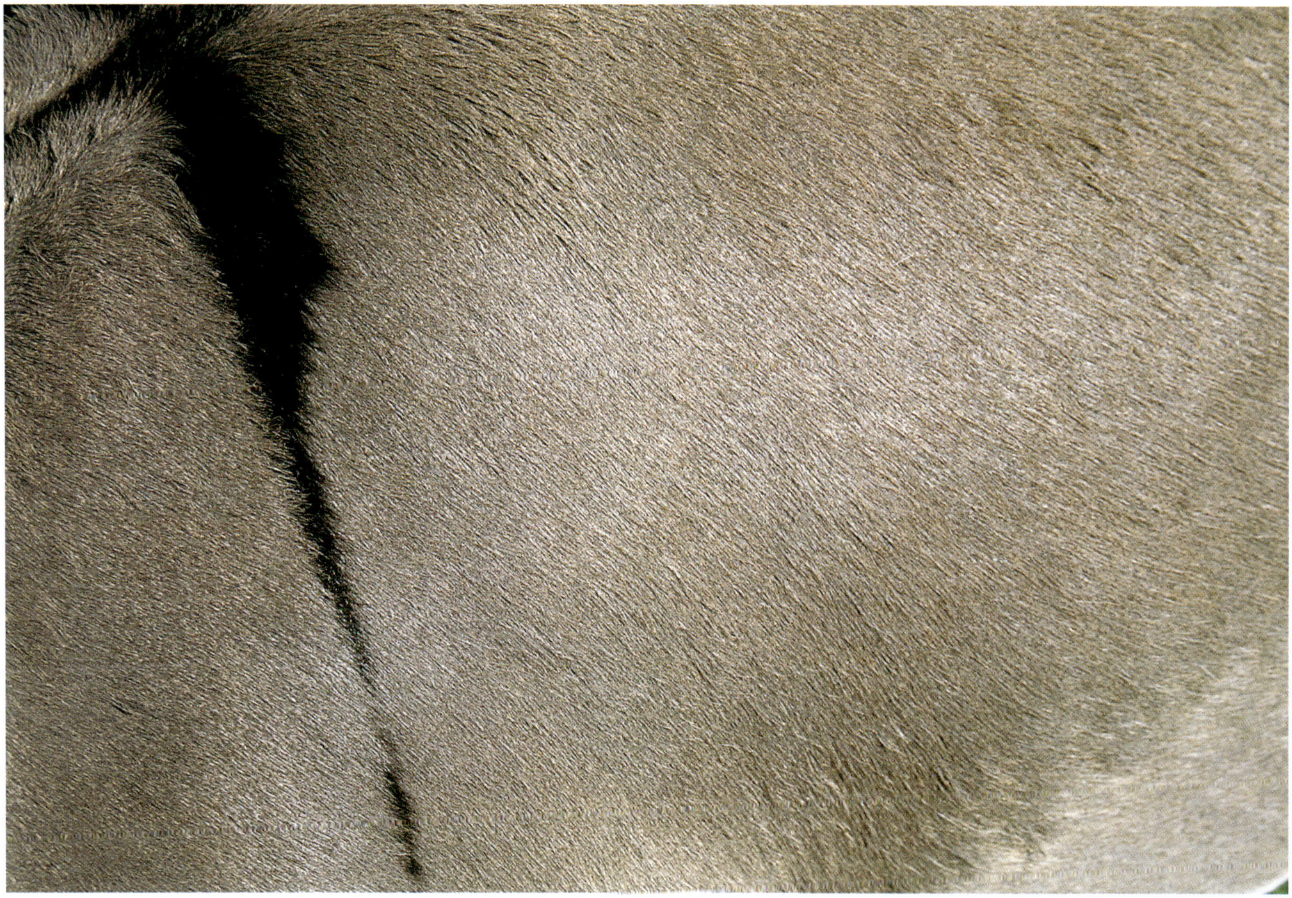
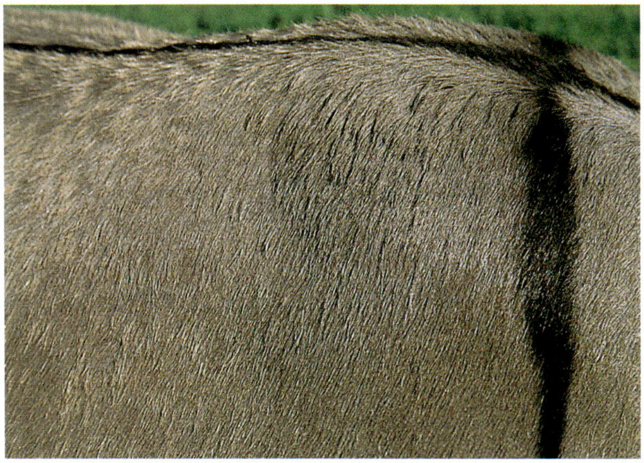

Sur l'âne de Provence la croix de saint André est toujours bien marquée.

AUTRES **Ânes**

En familles.

Dans toute la France, des Associations de défense de l'âne ou des ânes se sont constituées. Quelques-unes se consacrent à la cause de l'âne en général, la majorité s'attache à défendre la reconnaissance, la survie et éventuellement le développement d'une famille ou race, selon que l'on est savant ou simple asinophile.

Les associations "généralistes" ont déjà du son sur la planche : entre la lutte contre le saucisson d'âne (toutes les viandes d'âne sont actuellement importées congelées du Brésil, mais est-ce satisfaisant pour autant ?) et la réglementation relative à la circulation des roulottes attelées, en passant par les assurances obligatoires d'un âne de randonnée empruntant un tronçon de route départementale, il y a déjà fort à faire.

Sur tous ces points pratiques relatifs aux ânes, l'ouvrage de Jacky Davézé (Editions Rustica) est une bible, comme le site bourricot.com.

Les autres associations sont chacune attachées à une famille. Lorsqu'il y a stud-book, elles en sont partie prenante, et lorsqu'il n'y en a pas encore, elles militent pour l'obtenir et faire respecter les standards.

Il y a gros à parier que dans moins de cinq ans, tous les types figurant dans le tableau ci-joint seront reconnus par les haras nationaux.

Répétons tout de même que cette reconnaissance administrative n'a rien à voir avec quelque qualité affective ou physique que ce soit, étant bien entendu qu'un mulet sera évidemment plus "costaud" a priori qu'un âne normand.

« Les ânes sont de plusieurs couleurs : la plupart sont gris de souris ; il y en a de gris argenté, de gris marqué de taches obscures ; il y en a de blancs, de bruns, de roux, etc. Ils ont des bandes noires sur le cou et sur les jambes ; il y a deux autres bandes qui se croisent sur le garot ; l'une suit la colonne vertébrale dans toute son étendue, et l'autre passe sur les épaules. Il y a des ânes noirs. Les flancs de cet animal sont blancs, son poil est dur et roide. »

Diderot d'Alembert

FAMILLE	TAILLE en mètre	ROBE	POIDS en kilos
baudet du Poitou	1,40 à 1,50	bai / brun / noir	300 à 450
âne catalan	1,45 à 1,60	gris foncé	300 à 450
âne de Provence	1,20 à1,33	gris clair tourterelle, croix marquée	150 à 180
grand noir du Berry	1,35 à 1,45	bai / brun / noir	250 à 300
âne du Cotentin	1,15 à 1,35	gris - gris bleu, croix de saint André	150 à 180
âne du Bourbonnais	1,25 à 1,35	brun / brun foncé , croix marquée	250 à 300
âne corse	1,15 à 1,25	gris clair, croix de saint André	160 à 200
âne normand	1,10 à 1,25	bai / bai brun	170 à 220
âne des Pyrénées	1,30 à 1,35	bai / noir, croix de saint André	150 à 200
mulet	1,50 à 1,70	celle du père (avec exception)	500 à 700

(les tailles sont données pour les mâles adultes. Les femelles font en moyenne 5 cm de moins)

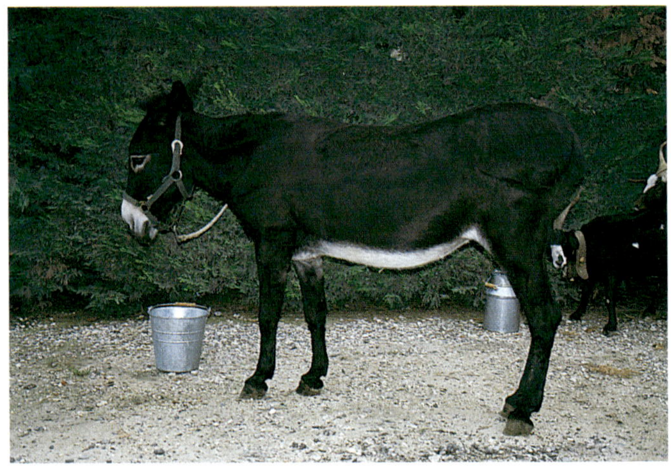

Mules
ET MULETS

La mule et le mulet sont le fruit du croisement de la jument avec un âne mâle ou baudet. Le bardot et la bardote sont celui d'un cheval avec une ânesse.

Leurs qualités respectives sont sans commune mesure sur le plan physique, ce qui a conduit à éviter autant que possible les seconds, qui restent selon l'expression de Jacky Davézé des A.F.C. (Accidents de Fond de Champ ou Amours de Fond de Champ).

C'est que mule et mulet sont bien charpentés, très robustes, sobres et capables de porter 200 kg et de tirer beaucoup plus, alors que les bardots sont très inférieurs à l'âne en capacité de travail, ce qui ne préjuge en rien de leur potentiel affectif vis-à-vis de l'homme.

Doués de ces capacités physiques, peu troublés en tant qu'hybrides par les pénalités liées à la reproduction et à la grossesse, les mulets et les mules étaient tout désignés pour les transports et autres travaux. Dès le Moyen Âge, on "produit" des mulets dans ce but, c'est-à-dire qu'on en favorise les naissances.

C'est l'armée qui, en France, aux 17e, 18e et 19e siècles, sera grosse demandeuse de mulets – on peut voir ci-joint le superbe tableau de Bonaparte franchissant les Alpes sur sa mule, ce qui eût été beaucoup plus sportif sur un cheval – tandis que les mulets "civils" sont employés un peu partout dans les massifs français au transport de denrées alimentaires. Nous en reparlerons.

Grandeur et humilité : Bonaparte franchissant les Alpes sur sa mule.
P. Delaroche - Musée du Louvre.
©Photo RMN-Arnaudet

Jeune mule allaitant.

La demande est donc forte, et des régions entières se spécialisent dans l'élevage des mules et mulets, le Poitou en premier lieu, qui tire ainsi profit de ses baudets étalons, mais aussi le sud-est, les Pyrénées, le sud des Cévennes et la Franche-Comté.

Dans la seconde moitié du 19e, "l'industrie mulassière française" comme on l'appelle alors, est puissante et fortement exportatrice au point qu'en 1894, à la veille de l'expédition de Madagascar, on peut lire dans le *Journal Pratique d'Agriculture*, sous la plume d'un élu poitevin, ces quelques lignes révélatrices d'un lobbying avant l'heure[1] :

La Société s'est émue de certains bruits qui circulent en ce moment et qui tendraient à faire croire que le ministre de la guerre se disposerait à faire en Espagne ou en Amérique des achats de mulets pour l'expédition de Madagascar. Tout le monde a été d'accord pour reconnaître qu'il ne saurait y avoir rien de fondé dans ces racontars, parce qu'il n'est pas admissible que le gouvernement français ait songé un seul instant à se pourvoir de bêtes de trait à l'étranger,

Jeune mule primée dans le Poitou en 1866.

1 – On peut noter au passage que dans cette véritable bible agricole que constitue le J.P.A. entre 1839 et 1930, il est très souvent question des mules et mulets, alors qu'on n'aborde pratiquement jamais le sujet des ânes…

Étalon de race mulassière : cette race de trait fut obtenue par croisements de différentes autres races flamandes et françaises. Ce sont les juments de cette race qu'on affectait à la production de mulets.

alors qu'il existe en France même des animaux d'une supériorité incontestée que les autres nations viennent elles-mêmes rechercher sur nos grands marchés du Poitou et dans certaines contrées de l'Est.

Quant aux mulets américains, qu'on serait, paraît-il, venu offrir au ministère de la guerre à des prix très peu élevés, il ne saurait jamais être question de les employer, car ils sont pris dans les pampas où ils vivent à l'état presque sauvage et ne sont susceptibles d'aucun dressage sérieux.

Néanmoins, comme il convient de dissiper au plus tôt un sujet d'alarme pour nos éleveurs, la Société a émis le vœu que le ministre voulût bien donner une solution aussi prompte que possible à la question pendante et désigner le Poitou, pays essentiellement producteur, pour fournir la plus grande partie des mulets nécessaires à notre expédition coloniale.

D'un autre côté, les représentants du Poitou au parlement ont fait auprès du ministre une démarche dont on peut attendre les meilleurs résultats. Il nous reste à conseiller à nos éleveurs de conserver leurs animaux pour les comités de remonte au lieu de les laisser enlever par des acheteurs du sud-est qui essaient déjà de faire des achats dans notre département en prévision d'importants marchés avec l'Etat dont ils voudraient se réserver les bénéfices.

En France, pour des raisons évidentes, le mulet est aujourd'hui tombé en disgrâce, personne n'en ayant plus réellement besoin pour les travaux des champs ou le transport. L'âne l'a supplanté dans le cœur des amateurs de grandes oreilles, mais deux facteurs pourraient favoriser un retour relatif : sa présence encore importante dans certains pays européens comme l'Espagne et la Grèce, et la vogue des randonnées en moyenne et haute montagnes.

La chaise à mule était utilisée en terrain accidenté peu propice aux porteurs ou aux carrioles.

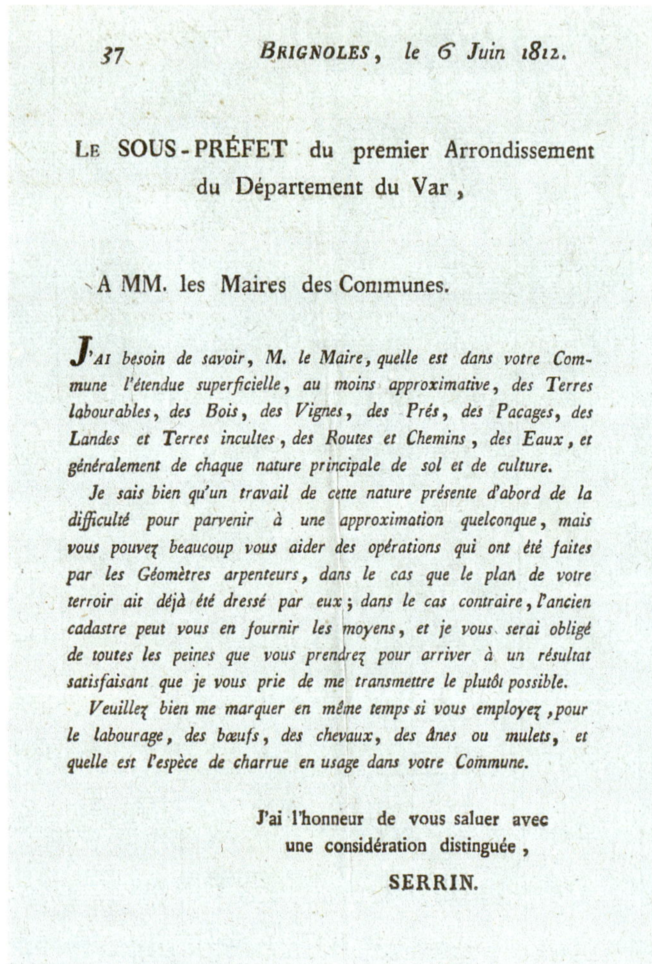

37 **BRIGNOLES**, *le 6 Juin 1812.*

LE SOUS-PRÉFET du premier Arrondissement du Département du Var,

A MM. les Maires des Communes.

J'AI besoin de savoir, M. le Maire, quelle est dans votre Commune l'étendue superficielle, au moins approximative, des Terres labourables, des Bois, des Vignes, des Prés, des Pacages, des Landes et Terres incultes, des Routes et Chemins, des Eaux, et généralement de chaque nature principale de sol et de culture.

Je sais bien qu'un travail de cette nature présente d'abord de la difficulté pour parvenir à une approximation quelconque, mais vous pouvez beaucoup vous aider des opérations qui ont été faites par les Géomètres arpenteurs, dans le cas que le plan de votre terroir ait déjà été dressé par eux; dans le cas contraire, l'ancien cadastre peut vous en fournir les moyens, et je vous serai obligé de toutes les peines que vous prendrez pour arriver à un résultat satisfaisant que je vous prie de me transmettre le plutôt possible.

Veuillez bien me marquer en même temps si vous employez, pour le labourage, des bœufs, des chevaux, des ânes ou mulets, et quelle est l'espèce de charrue en usage dans votre Commune.

J'ai l'honneur de vous saluer avec une considération distinguée,

SERRIN.

LES DEUX MULETS

L.V. Fouquet : L'imprésario et sa troupe
Musée des Beaux-Arts de Dijon
Photo François Jay

« Et l'âne allait geignant et l'ânier blasphémant,
La route descendait et poussait la bourrique ;
L'âne songeait, passif sous le fouet, sous la trique,
Dans une profondeur où l'homme ne va pas. »

VICTOR HUGO
La Légende des Siècles

3e partie

les Métiers de l'Âne

Nourricerie de l'hôpital St Vincent de Paul
Huile sur toile de F. de Haennen - 1881
Musée de l'Assistance Publique Hôpitaux de Paris

L'Ânesse NOURRICIÈRE

Les caprices de Cléopâtre, s'ils eussent été moins extravagants… probablement le lait de l'ânesse eût-il été moins prisé. Mais voilà : l'Egyptienne, selon la légende, prenait ses bains dans du lait d'ânesse. Tout comme sa presque contemporaine Poppée, l'épouse de Néron, qui faisait entretenir un troupeau de cinq cents ânesses pour le même usage. Grecs et Romains le portaient aux nues : tour à tour boisson à la mode et remède quasi universel.

Sans doute tout cela est-il exagéré, par les motifs comme par la mémoire.

Il n'en reste pas moins des éléments scientifiques et factuels : de toutes les femelles d'animaux domestiques, l'ânesse est celle dont le lait se rapproche le plus de celui de la femme. Aussi s'en est-on servi pour compléter l'allaitement féminin, ou parfois le remplacer.

À la fin du 19e, les hôpitaux de France spécialisés dans les enfants – l'Hôpital des enfants assistés à Paris, mais d'autres aussi dans toute la France – entretenaient très officiellement une asinerie qui compta pour Paris jusqu'à 25 ânesses destinées à allaiter les enfants faibles, les prématurés ou les orphelins de mère décédée en couches.

Cette pratique est déjà un peu étonnante. Là où elle le devient beaucoup plus, c'est lorsqu'on lit le "mode d'emploi" : traite, stockage, biberons, tout cela étant source de pollution et d'infections, on allait au plus court, comme le décrit le bulletin de l'Académie de médecine de 1882 :

Les écuries où l'on tient les ânesses, saines, propres et bien aérées, ouvrent sur les dortoirs où sont les enfants à allaiter. Traitée avec douceur, l'ânesse se prête facilement à allaiter le nourrisson qu'on lui présente. Son trayon est bien adapté à la bouche de l'enfant pour la préhension et la succion. L'infirmière s'assoit sur un escabeau à droite de l'animal et près de sa croupe. Elle porte avec sa main gauche la tête de l'enfant, ses genoux servant d'appui au reste du corps. La main droite sert particulièrement à agir sur la mamelle, qu'elle presse de temps en temps pour faciliter l'écoulement du lait, surtout si l'enfant est faible. On fait téter les enfants cinq fois pendant la journée et deux fois pendant la nuit. Une ânesse peut nourrir trois enfants de cinq mois.

L'Histoire n'a pas retenu les problèmes d'intendance qui devaient inévitablement se poser, l'ânesse étant incapable – contrairement à la vache – de produire du lait sans allaiter son ânon…

Ainsi élevé au rang de médicament, le lait d'ânesse fut tout naturellement exploité en diététique : dans toutes les grandes villes de France, une ou plusieurs asineries vendent à prix d'or aux élégantes du lait d'ânesse, qu'on vient acheter sur place, ou que l'on se fait livrer à domicile… par l'ânesse, traite "à la maison" pour en garantir l'authenticité ! Ce qui pose un menu problème : durant la livraison, l'ânon doit se passer de téter : on organise donc des tournées de quelques heures, le prélèvement unitaire étant de un à deux décilitres.

Dans cet esprit, les ânesses étaient saillies dès que possible, entre dix-huit et vingt mois. Elles mettaient bas leur premier ânon vers trente à trente-trois mois et devenaient "laitières" la quatrième année.

C'est le troisième ânon qui lui donnait son rythme de productrice : dans les nourriceries des hôpitaux, une ânesse suffisait à nourrir trois enfants de six mois (un litre et demi par jour et par enfant).

Nourricerie de l'Hospice des enfants assistés - 1880
Archives de l'Assistance Publique Hôpitaux de Paris

Le régime alimentaire de ces ânesses était adapté : à la question posée par un lecteur du régime idéal dans ce cas, le *Journal pratique d'Agriculture* répond en novembre 1898 :

Vous nous demandez quelle ration journalière convient à une ânesse laitière de "taille moyenne" ; nous aurions aimé savoir le poids approximatif de la bête ; nos indications eussent été plus précises. En la supposant du poids de 300 kg, vous donnerez d'abord en trois repas 3 à 4 kg de bon foin de pré ou même de luzerne. Vous pourrez donner ensuite, dans les 24 heures, 2 à 3 kg d'avoine aplatie ou concassée ou même entière si l'ânesse est jeune ; mais vous pourrez substituer un peu de farine d'orge, poids pour poids, à une certaine quantité d'avoine. Cette farine d'orge serait donnée, même mélangée à du son de froment, en barbotage. Il est des aliments précieux pour les bêtes laitières, ce sont les betteraves et surtout les carottes, ces dernières communiquant un goût exquis au lait. Il y aura donc lieu d'en distribuer à la bête. Ces racines seront, à votre gré, données entières ou hachées, et dans la proportion de 6 à 8 kg au moins par jour. Il n'y a jamais danger à les faire entrer pour une forte part dans la ration. D'ailleurs plus on nourrit une bête laitière, plus elle fournit de lait.

Aujourd'hui, le lait d'ânesse est essentiellement employé en cosmétique, notamment pour la fabrication de savons "au lait d'ânesse" qui sont tout à fait dans l'air du temps.

Nourricerie Parrot à l'hospice de Saint Vincent de Paul
Musée de l'Assistance Publique - Paris

« ... que Dame à poitrine délicate voulant prendre lait d'ânesse, se mettra en devoir sur le grand chemin de Paris d'appréhender au corps un animal aux longues oreilles, qu'elle découvrira par la connaissance du sexe mal propre à fournir du lait. »

Almanach de la duchesse du Maine
1721

L'Âne PORTEUR

« Le soir, on rencontrait par les chemins le vieux meunier poussant devant lui son âne chargé de gros sacs de farine »

Alphonse Daudet
Lettres de mon Moulin - Le secret de Maître Cornille

Si l'âne a été aussi répandu dans le monde et qu'il le reste dans certaines contrées montagneuses ou pauvres, il le doit avant tout à ses capacités de porteur. Avant l'avènement du chemin de fer et de l'automobile, le choix était simple : pour transporter des denrées ou des matières premières, trois solutions se présentaient :

le dos d'homme,

le dos d'animal,

les véhicules à roues tirés par l'homme ou l'animal : chars, charrettes, brouettes…

L'homme – bipède – peut porter brièvement jusqu'à cinquante kilos, et durablement une vingtaine de kilos. Encore est-il maladroit dans cet art et le juge-t-il, à juste titre, fatigant.

La brouette est d'un utile secours, mais également fatigante.

Restaient les charrettes et le dos d'animal. Une fois de plus, l'âne va être victime de sa taille à l'échelle humaine : tout individu qui a tenté un jour de monter sur un cheval comprendra instantanément qu'il est plus aisé – tout caractère de la bête mis à part – de charger un âne qu'un cheval.

L'âne, nous l'avons dit, peut porter à peu près son poids. C'est dire son intérêt dans certaines activités ; habitué jeune à porter le bât, il ne rechigne pas à cet emploi. Pour la cueillette, pour le transport du lait ou de

Eau, lait, farine, légumes, l'âne a toujours été préposé au transport des victuailles.

l'eau, des matériaux, des pierres, du bois débardé, on le trouve partout, rarement gréviste si on veut bien éviter la surcharge. Et pour les travaux lourds, son cousin le mulet fait merveille : il faut dire qu'il a hérité de sa mère la charpente du cheval et donc un poids intermédiaire : un âne de Provence pèse environ 150 kg, un baudet du Poitou de 300 à 450 kg, et un mulet de 500 à 700 kg.

Ils seront donc affectés à des tâches bien différentes selon les régions et les besoins. Nous en reparlerons dans le chapitre sur les muletiers.

L'âne portera donc, tout et partout : du vin, du sel, du charbon, du bois, du cuir, tout ce qui s'échange dans les régions où les voitures ne peuvent circuler, mais aussi des gens, pour leur plaisir, leur nécessité ou leur confort.

Il est rare qu'on fasse porter sa charge directement à l'âne : pour répartir le poids de cette charge sur les points les plus solides du dos de l'animal, on utilise un intermédiaire, le bât.

Au fil des siècles, des pays et des utilisations, celui-ci a pris les formes les plus variées, jusqu'à s'adapter parfaitement aux récipients pour le transport des liquides : eau, lait ou vin.

Au Bon Marché

La March.de de Cerises
par Carle Vernet (1758-1835)

Train des Equipages.

En bois, en cuir, en osier, le bât sera décliné de mille façons.

On habitue un âne au bât dans le courant de sa troisième année, lorsque l'ossature prend ses dimensions et sa forme définitives.

Il est relativement facile de s'en procurer d'occasion, en fonction de l'utilisation qu'on veut en faire, mais pour la randonnée, il existe des fabricants qui rééditent des modèles anciens ou qui en créent, du plus simple au plus beau.

Ânes et mulets furent durant deux siècles de précieux auxiliaires de l'armée.

« Banon », chasseur de sangliers en Provence.

Certains portages sont un peu inattendus : c'est le cas pour Banon, un âne provençal, hongre de cinq ans, affecté régulièrement à une mission qu'il adore remplir :

Dans les Alpilles, la chasse au sanglier est une tradition aussi ancrée que dans certain village gaulois et, l'automne venu, on chasse le cochon presque tous les dimanches, souvent avec succès. Le problème se corse lorsque le ou les sangliers sont tués au fond d'un vallon inaccessible en 4 x 4, ce qui est fréquent, et plus encore lorsque la bête pèse 100 ou 120 kg.

Un chasseur de Maussane a fini par résoudre ce problème épineux au double sens du terme. L'acquisition de Banon a d'abord fait rire les chasseurs et sourire toute la région. Mais voilà : Banon s'acquitte fort bien de sa tâche, soit en portant, soit en tirant, et il en redemande au point que cette activité lui est devenue presque aussi plaisante qu'aux chasseurs : Banon se rend utile, et même indispensable, et il le sait.

L'âne porteur, c'est aussi la promenade : véritable institution au 19e et au début du 20e siècles : toutes les stations de montagne disposaient d'ânes permettant notamment aux femmes et aux enfants de partir vers les sommets : au Mont-Dore, à la Bourboule, dans le massif Central, à Saint-Gervais dans les Alpes, à Gavarnie dans les Pyrénées, la promenade à dos d'âne était incontournable. Gavarnie a d'ailleurs su préserver cette insolite façon de découvrir le site, qui pourrait bien faire école pour des raisons écologiques.

En montagne, c'est la nécessité qui faisait choisir l'âne. Un peu partout ailleurs, c'était le folklore, les photos souvenirs, et le caractère docile de l'animal vis-à-vis des

Cette affectation n'est pas une réelle nouveauté : des cartes postales du début du siècle nous montrent des chasseurs d'isards pyrénéens appréciant visiblement le secours d'un ou deux ânes pour rapporter leurs captures dans la vallée.

C.B. Gauthier : L'abreuvoir
Musée des Beaux-Arts de Dijon. Photo François Jay

enfants qui faisaient de la promenade à dos d'âne une animation obligée des grandes stations touristiques : Deauville, les Sables d'Olonne, Vichy entretenaient troupeaux et guides pour touristes ravis. Paris n'était pas en reste avec les bois de Boulogne et de Vincennes et le jardin du Luxembourg.

Aujourd'hui, l'âne porteur a repris du service avec le développement du tourisme vert et le nouvel essor de la randonnée en terrain accidenté : sur les traces de Stevenson, ils sont nombreux à partir pour une semaine ou deux à la découverte de paysages peu fréquentés, l'âne loué pour l'occasion se chargeant de la logistique. En France, on compte à présent près d'une centaine de loueurs pour accompagner les randonneurs.

Paysanne normande partant pour le marché. Dessin de V. Lhuer

« Ils prirent donc deux petits étalons corses à l'œil furieux, maigres et infatigables, et se mirent en route un matin au lever du jour. Un guide monté sur une mule les accompagnait et portait les provisions, car les auberges sont inconnues en ce pays sauvage. »

Guy de Maupassant
Une vie

R. Allègre : Vue des Martigues
Musée Granet - Aix en Provence

L'Âne TRANSHUMANT

La dernière caravane de transhumance du troupeau Escoffier en 1956.

Une autre situation ô combien traditionnelle faisait intervenir l'âne en tant que porteur : la transhumance.

Dans les régions méridionales, les troupeaux de brebis passent l'hiver en plaine, alternant la bergerie et les prés ou la Crau selon qu'il pleut ou non. Mais dès la fin du printemps, l'herbe se fait rare, alors que là-haut dans les alpages, après la fonte des neiges, elle est bien grasse. Au mois de mai, les troupeaux prenaient donc la route des montagnes, pour y passer quatre ou cinq mois avant de redescendre aux premiers froids, début octobre.

Aujourd'hui, le transport se fait généralement en camion, mais jusque dans les années cinquante, moutons, chiens et bergers ralliaient à pied les alpages : cinq à dix jours de "route" pour le troupeau selon son

point de départ et son aire de pâturage en montagne. Et il fallait bien emporter le nécessaire à quatre ou cinq mois de vie en autarcie, pour les bêtes comme pour les hommes. C'était la tâche des ânes : de trois ou quatre à une petite dizaine, selon l'importance du troupeau. Et jusqu'à l'avènement de l'hélicoptère qui ravitaille à présent en sel et aliments humains, seul l'âne pouvait remplir cette fonction.

Aujourd'hui encore, des bergers se font accompagner d'un âne ou deux, pour la compagnie et pour assurer de menus travaux de portage : piquets et filets pour les parcs, sel, de la "base" jusqu'au troupeau, etc.

Th. Jourdan : Un Troupeau en Provence

Musée Granet - Aix en Provence

À l'aller, en direction des pâturages,
les ânes portaient le nécessaire
à quatre mois d'autarcie.
(photos P. Coën)

Âne bâté ou « bardé » pour la transhumance.
Dessin de Jan Van Naeltwijck.

Il nous fallait huit jours pour relier Aureille à Colmars-les-Alpes avec les 2 800 têtes. Nous parcourions environ 25 kilomètres par jour. Il fallait cinq hommes en tout. Chacun avait son âne et sa barde pour y mettre ses affaires. Les ânes étaient devant le troupeau, se tenant bien sur la droite de la route. Ils connaissaient l'itinéraire, ainsi que les herbages où le troupeau mangeait chaque année, sur lesquels ils filaient droit. Sur le plus brave, nous installions un fanal lorsque nous marchions de nuit. Le plus solide des ânes fermait la marche et tirait le charreton où étaient entassés les marmites, la nourriture et à l'automne les agneaux qui naissaient en route. Une douzaine de boucs et 20 floucas menaient le troupeau. Celui-ci était bien ensonnaillé, il ne risquait pas de rester une sonnaille au cabanon ! On nous entendait venir de loin.

Dernière transhumance à pied vers Colmars-les Alpes (Alpes-de-Haute-Provence) du troupeau Escoffier, en 1956.

PATRICK FABRE
Hommes de la Crau. Ed. Cheminements

Une carriole était souvent nécessaire pour tout emporter.
(photos P. Coën)

L'Âne ATTELÉ

L'image semble aujourd'hui anecdotique. Pourtant, les photos et cartes postales de la fin du 19e siècle et du début du 20e en sont la preuve irréfutable : les jours de foire ou de marché, les "parkings" de l'époque sont encombrés de carrioles ou voitures à âne.

C'est qu'il est beaucoup plus aisé, pour des raisons de poids et d'encombrement, d'atteler un âne qu'un cheval.

Et si le châtelain n'avait qu'un mot à dire à son domestique, le fermier ou le petit bourgeois qui devaient le faire eux-mêmes goûtaient la différence : ne pas avoir à porter victuailles ou ravitaillement sur trois ou dix kilomètres était fort appréciable. L'âne attelé pour la circonstance retrouvait ses collègues de la ville préposés à toutes sortes de petits commerces, comme les laitiers ou les marchandes des quatre saisons.

« Ils y trouvèrent, attelé à une voiture grande comme une brouette, un tout petit âne qui s'ennuyait sans doute, et qui se mit à braire en les voyant, d'un ronflement si fort et si prolongé, que les vastes toitures des Halles en tremblaient. »

EMILE ZOLA
Le Ventre de Paris

Valence (Espagne). — Le Marchand de charbon. — Dessin de Sellier, d'après une photographie de J. Laurent.

Les petits métiers parisiens.
Le Marchand de toiles cirées.

93 *VICHY. — Laitière Bourbonnaise. — LL.*

N° 5. — Heureusement, voici un petit paysan avec son baudet. Il s'agit de le gagner à prix d'or pour revenir au logis.

N° 6. — Le baudet ramène l'auto à la maison. Tout le monde pousse. Quel retour lamentable après un si brillant départ !

Et puis, parfois, le dimanche par beau temps, on attelait l'âne pour faire faire aux enfants une balade dans la campagne, ou emmener quelque élégante au kiosque à musique écouter le concert, ou encore conduire à la messe la petite famille endimanchée. Une auditrice de France Bleu m'a raconté qu'à Aubagne, une famille arrivait ponctuellement dix minutes avant que les cloches ne sonnent. On ne prenait pas la peine d'attacher l'ânesse attelée : cela lui permettait d'aller pendant l'office se désaltérer à la fontaine voisine : lorsque sonnait la fin de l'office, l'attelage était non moins ponctuellement au bas des marches du grand escalier de l'église.

Dans la même région, un médecin retraité allait taper la belote chaque après-midi après la sieste. Il arrivait souvent que les parties se prolongent jusqu'à l'apéritif. Ses partenaires devaient l'aider un peu et parfois même beaucoup pour remonter dans la carriole ; mais une fois cette formalité accomplie, on ne s'occupait plus de rien : l'âne connaissait le chemin et, une heure plus tard, il déposait son maître devant la porte de la maison…

« Le hasard amenait un chariot très lourd
Traîné par un vieux âne éclopé, maigre et sourd ;
Cet âne harassé, boiteux et lamentable,
Après un jour de marche approchait de l'étable. »

VICTOR HUGO
La Légende des Siècles

16ᵉ Année. — N° 27. Le Numéro : 10 centimes 6 Juillet 1901.

LA MODE NATIONALE

Publicité et Abonnements : 54, rue Saint-Lazare, PARIS (9ᵉ) de 9 à 12 h. du matin. — Téléph. 216.93 = Médaille d'argent à l'Exposition Universelle de 1900 = Direction-Administration 222, Avenue du Maine, PARIS (14ᵉ). — Téléph. 714.25

N° 1. — GROUPE DE TOILETTES POUR DAMES, JEUNES FILLES ET ENFANTS.

SUPPLÉMENT GRATUIT : UN PATRON DÉCOUPÉ (grandeur naturelle) et trois pages en couleurs.

Boîtes de pastilles des années trente.

L'Âne MONTURE

C'est un aspect de l'âne porteur : capable de porter 150 ou 200 kg, l'âne est évidemment capable de porter un homme.

Certes, l'allure n'est pas celle du cheval, et les courses à ânes qui ponctuaient chaque fête de village étaient plutôt l'occasion d'une franche rigolade, l'âne au galop n'étant pas vraiment à son aise. Mais, à petite allure, il peut durant des heures porter homme, femme ou enfants comme on pourra le voir sur les photos et tableaux ci-contre.

La fuite en Egypte en est l'illustration la plus célèbre. Napoléon lui-même, alors qu'il n'était encore que Bonaparte, fut très content de trouver une mule pour franchir les Alpes.

En France, monter un âne restera anecdotique, sauf dans les stations balnéaires, thermales et touristiques, où la promenade à âne est incontournable, mais dans les pays du Maghreb et au Moyen-Orient, le paysan sur son âne fait partie du paysage. Fernandel s'en régalera dans l'un de ses rôles les plus loufoques et les plus célèbres : Ali Baba.

J.B. Pierre :
La Bergerie

Musée des Beaux
Arts de Dijon
Photo François Jay

« *Lorsque Claude de Bullion et le père du président de Lamoignon, enfants, allaient en campagne, on les portait tous les deux sur un même âne, dans des paniers, l'un d'un côté, l'autre de l'autre, et l'on mettait un pain du côté de Lamoignon, parce qu'il était plus léger que son camarade, pour faire le contrepoids.* »

François-René de Chateaubriand
Mémoires d'outre-tombe

10 ILE DE RÉ. – Ars-en-Ré. – Départ pour le Marché. – LL.

Camembert de L'Abbaye St Denis
45 % de matière grasse
PARIS CEDEX 15 POIDS NET A L'EMBALLAGE 230 g 72-N
Fabriqué en Maine

FROMAGERIE DE LA VALLÉE DE LA SOUTE
CAMEMBERT EXTRA
FABRIQUÉ EN SAINTONGE
R. MARTINET
SOUILLAC
(Charente Mme)
MARQUE DÉPOSÉE
30% MATIÈRE GRASSE
IMP. H. GARNAUD Angoulême

26 bis
ILE DE RE.
En route pour les Champs (Ane en culotte).

ILE DE RÉ — Rhétaise à âne allant aux Champs
A. Eclercy, éditeur, St-Martin-de-Ré

« *Parfois on rencontrait un montagnard soit à pied, soit sur son petit cheval, soit à califourchon sur un âne gros comme un chien.* »

Guy de Maupassant
Une vie

« Le divin Mahomet enfourchait tour à tour
Son mulet Daïdol et son âne Yafour,
Car le sage lui-même a, selon l'occurrence,
Son jour d'entêtement et son jour d'ignorance. »

VICTOR HUGO
La Légende des siècles

L'Âne AGRICULTEUR

Ce fut l'une des "vocations" de l'âne. Avec le transport pour lequel on l'a toujours utilisé, l'agriculture a été sa principale raison d'être.

Surnommé le cheval du pauvre, l'âne était présent partout au 19e siècle, et sans doute avant : au 17e La Fontaine lui accorde une place très importante.

Moins coûteux qu'un cheval, moins fragiles, plus polyvalents, peu gourmands, sobres, avares de soins, obéissants et serviables, l'âne et le mulet sont présents dans presque toutes les exploitations françaises, fort précieux dans les plus petites.

Selon leur taille, on utilise l'âne en complément des chevaux, ou bien en mode principal de traction. Dans les zones montagneuses ou accidentées, l'âne tire la charrue ou la herse. Partout ailleurs on le charge des tâches minutieuses, pour l'entretien des vignes, les travaux de maraîchage ou le travail des petites surfaces.

L'âne est le bon à tout faire de l'exploitation : le matin il peut tirer la charrue, et porter les bidons de lait après la traite en fin d'après-midi, tandis que le mercredi, attelé à la carriole, il mènera ses maîtres au marché de la ville voisine. Entre-temps, et pour se reposer, on le laissera entretenir gracieusement talus, haies et fossés.

En France comme dans toute l'Europe du sud, du Maghreb en Chine, l'âne fut l'auxiliaire obligé de plusieurs civilisations.

La vigne et l'olivier lui doivent beaucoup : dans les terres comme dans les moulins, l'âne aide, dépanne, ou joue les pre-

miers rôles : partout où le terrain est escarpé, le cheval est mal à l'aise. L'âne, plus petit et au pied plus sûr, le remplace avantageusement. Pour les travaux des champs comme pour la cueillette des fruits, on le retrouve partout, en toutes régions et toutes situations.

Il faudra l'avènement du tracteur agricole, au milieu du vingtième siècle, pour le voir relégué aux seconds rangs, avant sa disparition quasi totale dans le rôle de travailleur.

Les ânes de l'île de Ré étaient souvent culottés pour les préserver des piqûres de moustiques.

C'était dans les années 70.

Marcel s'occupait des terres d'un riche vigneron du Sud-est. À ce titre, il était en charge des cultures potagères, exclusivement destinées à la consommation familiale, mais la famille était nombreuse. Il y avait donc des "carrés" de pommes de terre, de carottes, de haricots, de salades, etc. Aucun n'avait l'étendue requise pour l'utilisation d'un tracteur, mais le binage à la main était fort fastidieux.

L'âne de la maison justifiait donc ainsi sa semi-retraite bien méritée : on lui attelait le griffoir – petite charrue – et Pompon, guidé par Marcel, descendait son carré en deux ou trois heures.

Dans tout le bassin méditerranéen, l'âne a beaucoup contribué aux cultures, notamment de la vigne et de l'olivier plantés en terrasses ou « restanques ».

L'homme et l'animal étaient depuis longtemps complices, et Marcel n'avait guère besoin de parler : Pompon connaissait son boulot !

La difficulté, pour l'un comme pour l'autre, était de ne pas piétiner les plantations : ça n'arrivait pratiquement jamais.

Un jour pourtant, dans un carré de haricots, le pied de Marcel ripa sur une motte et, pour ne pas tomber, l'homme écrasa de son gros soulier deux pieds de haricots.

« Pompon s'est arrêté sans ordre, ce qu'il ne faisait jamais. Il s'est retourné vers moi – ce qu'il ne faisait jamais – et durant deux minutes, son regard chargé de reproche me scruta gravement. Puis, toujours sans ordre, il reprit son travail.

Je n'ai jamais compris comment il avait su que j'avais marché sur les haricots… »

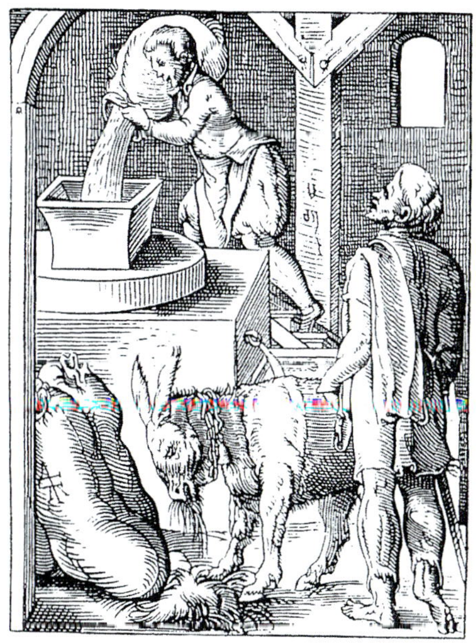

Jusqu'aux années 1920, l'âne était le compagnon du meunier et faisait partie du paysage des moulins, presque toujours situés sur un promontoire. Leur chemin escarpé n'était accessible qu'aux ânes, chargés de grain en montant et de farine au retour.

Dans tous les pays du Maghreb et du Moyen-Orient, l'âne fait partie intégrante du paysage.

À droite :
La traversée du gué
A. Styka
(collection privée)

ADAM
STYKA

LES MULETIERS

Partout où le relief accidenté ne permettait pas la circulation des marchandises par charrettes, le transport s'effectuait à dos d'homme, d'âne ou de mulet. L'homme n'étant pas très doué pour cette tâche, on y affectait l'âne et le mulet.

Un âne peut porter à peu près son poids, soit environ 100 à 150 kilos, alors que le mulet, mieux charpenté, peut supporter durablement et sur des terrains pentus de 150 à 200 kilos, et jusqu'à 250.

On comprend donc l'intérêt de l'élevage mulassier qui fournissait des régions entières – montagneuses pour la plupart – en bêtes robustes. Les Alpes, les Pyrénées, l'Auvergne et la Corse étaient grandes consommatrices de mulets. En Auvergne, c'est une véritable tradition qui s'était établie, car le mulet permettait des échanges essentiels entre les piémonts, plantés de vigne, et la montagne, qui en était à peu près dépourvue avant le phylloxéra (1865) et totalement après. En revanche, elle fournissait en retour céréales, châtaignes ou lentilles en abondance. Les mulets montaient donc chargés de liquide et rapportaient du solide.

On imagine que le trafic ne se faisait pas mulet par mulet, et c'était de véritables caravanes qui se formaient, chacune propriété d'un muletier, personnage important, riche et haut en couleurs.

Un muletier possédait de dix à vingt mulets, parfois plus, ainsi que quelques ânes et bardots, chacun recevant charge ou affectation correspondant à son âge et ses capacités.

Muletier du Vercors.

La "couble", l'ensemble des bêtes appartenant à un muletier, pouvait ainsi porter jusqu'à quatre tonnes de marchandises ou quarante hectos de vin pour vingt ou vingt-cinq bêtes.

Le muletier portait toujours le costume traditionnel : selon la saison lourdes bottes ou souliers bien ferrés et guêtres blanches, retenues au genou par des jarretières rouges et une boucle gansée.

La ceinture de laine, enroulée deux ou trois fois, était d'un rouge éclatant, tout comme le gilet, la cravate et le bonnet qui s'arrêtait à l'arrière sur une ample queue de cheval (on disait à l'époque plus logiquement « une queue de cheveux ») et, sur le côté, aux oreilles qui portaient de gros anneaux dont un fer à mulet en or. Un large chapeau de feutre coiffait le tout, les rebords se pliant, se déployant ou se rabattant selon le temps et les vents.

Une large et longue cape de peau venait protéger l'ensemble en cas de besoin ; par beau temps, elle était transportée – repliée – par l'âne ou la bardote préposé aux effets personnels du muletier.

Ainsi costumé, le muletier ne passait inaperçu ni auprès de ses bêtes, ni auprès de ses clients, ni auprès des populations des villes ou villages traversés.

Il possédait en outre cinq accessoires sans lesquels son statut n'était que celui de "rafardier" (moins de six mules) :

Le fouet, passé en demi sautoir sur les épaules, dont il ne se servait pratiquement jamais, dirigeant son équipage à la voix par monosyllabes,

La tasse en argent, ou ***tastevin*** ou ***tasse à vin***, plate, glissée dans la poche du gilet, gravée à son nom, avec son bouton de préhension en croix, en couronne ou en serpent, et le fond en écu "au bourbon",

La montre avec la chaîne et les pendeloques qui dépassaient de la poche du gilet,

Le couteau, doté d'un poinçon d'argent propre à percer les outres, était suspendu à la boutonnière par une lanière de cuir tressée,

Le bâton ferré qui lui permettait de marcher plus commodément en montagne.

Muletier et sa bête ; dessin de Victor Lhuer.

Si l'on ajoute une corpulence souvent très au-dessus de la moyenne, on conçoit que le muletier en imposait à ses concitoyens. Du reste, partout où il exerçait, en Velay, Vivarais, Gévaudan, Vercors ou Savoie, il était de notoriété publique que « mieux valait être muletier que député ».

C'est que l'homme était doté d'un statut social à part : transporteur de vivres, porteur des nouvelles « d'en bas » ou « d'en haut », il jouissait aussi du privilège de discuter les prix avec ses clients – producteurs ou courtiers – et de trancher en dernier ressort, à l'achat comme à la vente.

Mieux valait donc être dans les bonnes grâces du muletier.

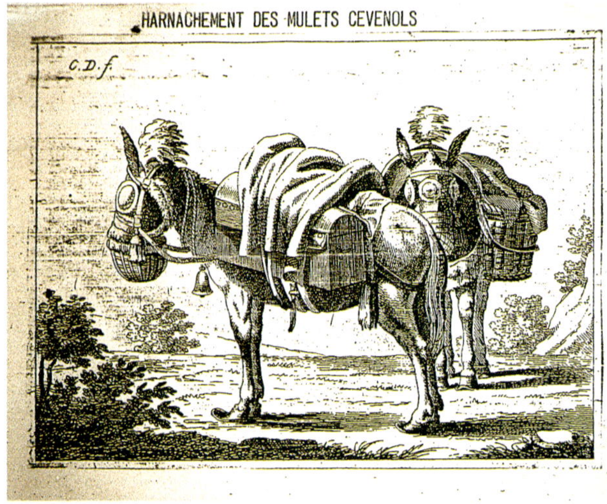

Pendant plusieurs siècles, les muletiers changèrent à peine. Tout juste se séparèrent-ils de leur fameuse "queue de cheveux" après 1830 et quelques simplifications du costume les rendirent un peu moins spectaculaires sans pour autant égratigner leur prestance.

Vers 1930, Victor Lhuer, créateur de vêtements et érudit de l'histoire du costume, entreprit de dessiner et peindre ceux des costumes régionaux français qu'il tenait pour les plus étonnants. Dans son œuvre sur l'Auvergne figurent en bonne place un muletier et sa bête. Lhuer a poussé la précision jusqu'à situer son dessin dans le temps par la plaque frontale du quadrupède : 1862. On y constatera quelques petits changements par rapport au costume des siècles précédents décrits ci-dessus.

Botte de muletier
Musée languedocien - Montpellier

AUX MINES D'OR DU KLONDYKE. — Arrivée d'un convoi d'or à Dawson.

Des Quatre Muletiers

(Chanson traditionnelle d'Andalousie qui a inspiré Federico Garcia Lorca)

Des quatre muletiers
Petite mère
Qui vont à la rivière
Celui dont la mule est blanche et noire
Petite mère
M'a pris mon âme

Des quatre muletiers
Petite mère
Qui vont à la rivière
Celui dont la mule est blanche et noire
Petite mère
Est mon mari

« Diantre soit de l'âne bâté ! »

Molière
Le Bourgeois gentilhomme

LE HARNACHEMENT

En tant que véritable entreprise de transport, l'équipement des "véhicules" – les mulets – n'était pas une mince affaire. Comme il s'agit de technique pure et que nous avons la chance de posséder le témoignage d'un contemporain qui a pris la peine de le coucher sur papier, laissons-lui décrire ces traditions étonnantes :

Un indice de la mauvaise nature de l'homme se trouve dans son ingratitude innée à l'égard de ses deux plus utiles serviteurs : l'âne et le mulet. Que ferait le montagnard, sans l'aide de ce dernier, surtout dans les contrées reculées où les chemins plats sont une chimère et où il faut tout transporter à dos de chrétien ou à dos de bête ? Grâce au mulet, le quadrupède fort et sobre par excellence, ces contrées sont devenues habitables. On y naît, on s'y marie, on s'y chamaille même, quoiqu'un peu moins qu'ailleurs, et on y meurt comme partout. Nous avons personnellement au dos, ou plutôt aux jambes des mulets, des obligations inoubliables, puisqu'ils nous ont permis d'effectuer des excursions qui, sans eux, eussent paru fantastiques… Aussi, tandis que la vue d'un préfet, voire même d'un député ou d'un sénateur, nous laisse absolument indifférent, sommes-nous toujours tenté d'ôter notre chapeau à la rencontre de ces honnêtes animaux.

Il paraît que le nom de mulet (*mulo*) vient des Espagnols qui l'auraient emprunté aux Arabes. D'où les linguistes concluent à son origine sémitique. Il est certain que les mulets ne sont pas de petite noblesse, d'une noblesse remontant simplement aux croisades, puisqu'ils sont fréquemment mentionnés dans la Bible. Ils servaient alors de monture aux personnages royaux. D'après le prophète Samuel, ils étaient utilisés dans les combats. Mais Isaïe, Esdras et le Lévitique nous les montrent employés surtout, comme aujourd'hui, à porter des fardeaux. Il résulte d'un passage d'Ezéchiel que l'Arménie était renommée par ses mulets, ce qui n'a rien d'étonnant, puisque c'est un pays de montagne.

Aquarelle de Blanche Odin

Pour en venir aux temps modernes, Olivier de Serres nous apprend que, de son temps, *l'Auvergne nourrissoit des mulets et mules en abondance, en fournissoit ses voisins de Languedoc, Dauphiné et Provence ; esquelles provinces, tant pour la propriété de la terre, qui n est pas généralement des plus grasses, que pour la disette des avoines, les mulets et mules estoient retenus pour leur labourage.*

L'éminent agronome avait fait observer plus haut que les mulets et mules conviennent mieux aux terrains maigres du Midi qu'aux terres grasses, où leurs pieds étroits et pointus s'enfoncent davantage que les pieds larges des chevaux.

Les pieds des mulets convenaient donc parfaitement aux routes pierreuses du Bas-Vivarais et aux sentiers escarpés par lesquels on monte sur les plateaux cévenols ; et c'est là sans doute, outre l'aptitude supérieure à porter de lourds fardeaux et la résistance plus grande à la fatigue, une des raisons qui ont fait préférer les mulets aux chevaux pour les transports longs et pénibles qu'avaient à accomplir les anciens muletiers.
C'est aujourd'hui le Poitou qui a remplacé l'Arménie dans la renommée de l'élevage des mulets. Sur 18 000 mulets exportés annuellement de France, les deux tiers sortent du Poitou.

Nos anciens mulets, de l'époque muletière, portaient haut une tête énorme à l'allure sauvage ; des jambes démesurées où l'on sentait sous la peau des muscles d'acier, soutenaient leur carcasse osseuse comme un trophée. Leurs longues oreilles, très pointues et très mobiles, qui se redressaient droites comme des piquets sur l'œil vif et inquiet de l'animal, quand il se présentait quelque chose d'anormal, parlaient un langage d'une expression vigoureuse. Leur corps était l'emblème de la force plutôt que de la grâce. On aurait dit des arcs-boutants auxquels le Dieu des montagnards avait donné la vie et le mouvement pour faciliter la tâche de son peuple.

En route !

Chaque mulet, dans la couble, avait son nom distinctif et sa place déterminée.

Le chef de la bande était appelé le ***viégi***, c'est-à-dire le premier dans la voie : c'était le plus fort, le plus fier, le plus intelligent et le plus somptueusement harnaché.

Après lui venait le ***roulet***, ainsi nommé de ce qu'il était porteur d'un grelot aussi gros qu'une balle à jouer.

Le ***bardot*** (le bardot ou petit mulet est le produit du cheval et de l'ânesse, tandis que le grand mulet, ou simplement le mulet, est le produit de l'âne et de la jument), jeune mulet qu'on dressait et qui était encore à ses premiers voyages, ne devait jamais s'écarter de la place qui lui était assignée au milieu précis de la file. On avait pour lui des ménagements tout paternels. Sa charge était de deux outres de petite dimension, et même le plus souvent on se contentait de lui faire porter le ***rambail***, c'est-à-dire les pots-de-vin et étrennes réservés dans la ***pache*** (le marché, le pacte, du latin *pactum*), l'émine ou le setier, l'entonnoir, autrement dit l'embut, et le sac de la ferrière.

Le sac de la ferrière était un petit sac en cuir, contenant clous, marteaux, tenailles, fers à ferrer, flamme de vétérinaire, etc…

Les autres mulets de la couble étaient distingués les uns des autres par des qualificatifs tirés de leur couleur ou de leur caractère ; le follet, le roubis, le caillet, etc.

L'un d'eux, le plus paisible, portait ***l'alte*** suspendue à son cou : c'était une bouteille en verre, soigneusement revêtue de paille, qui servait à boire pendant les haltes. Quand elle était épuisée, on piquait l'outre.

Le cheval de la barde fermait la marche. Son emploi était de porter le maître muletier, lequel, suivant l'occurrence, abandonnait temporairement la direction de la couble à son valet, pour aller faire, en prenant les devants, soit les achats soit les ventes. Parfois, ce cheval n'était qu'un âne, mais fort, vigoureux et trotteur, digne de son nouveau titre et de ses importantes fonctions.

La charge ordinaire d'un mulet était de huit ***setiers***, mesure du Bas-Vivarais, équivalent à douze émines, mesure du Puy, soit 168 litres de vin, c'est-à-dire le double de la saumée d'Annonay. Les paysans du Bas-Vivarais ne comptent encore le vin que par setier (21 litres) ou par charge (8 setiers). Donc, en un seul voyage, une couble de vingt-cinq mulets n'enlevait pas moins de quarante hectolitres de vin d'une cave vivaroise.

Le vin était contenu dans des ***boutes***, c'est-à-dire de fortes outres en peaux de bœuf ou de vache solidement cousues. Lorsqu'elles revenaient vides en Vivarais, leur cuir desséché avait la raideur d'une planche ; aussi la première opération, à l'arrivée de la couble chez un vigneron, consistait-elle à les porter dans un ruisseau ou un réservoir pour leur rendre la souplesse voulue.

Olivier de Serres, dans son *Théâtre d'Agriculture*, ne parle que de la confection des outres en peaux de chèvre :

l'on escorche, dit-il, *les chèvres à la manière des conils, c'est à savoir renversant la peau…*

Ces outres en peau de chèvre, ou plutôt de bouc, sont toujours en usage dans le Bas-Vivarais, mais seulement pour transporter le vin à petite distance, à dos d'homme ou au saccol (coussin rembourré de paille qui tient à la tête par une sorte de capuchon) ; encore a-t-on soin alors de les emballer dans un long et large panier d'osier. On les appelle des ***ouïres***. Ce genre d'outres, où l'on reconnaît la forme de la bête, n'aurait pu résister, sur le dos d'un

Musée languedocien - Montpellier

Musée Crozatier - Le Puy en Velay

mulet, à la pression de la bille et aux ballottements d'un long transport. L'ouïre vinaire se confectionne toujours de la façon décrite par Olivier de Serres, et telle est, chez nos paysans, la destinée ordinaire de tout bouc devenu vieux et hors d'usage ; on lui tranche la tête et on l'écorche, renversant la peau, poil en dedans, et faisant passer toute la masse de la chair par l'orifice du cou.

Chaque fois qu'on s'est servi de ces ouïres, on les enduit à l'extérieur d'une couche graisseuse, on les gonfle à l'instar des ballons, et on les suspend aux voûtes, où elles font peur aux enfants, en attendant de plus graves services.

Chaque propriétaire fabrique les outres qui lui sont nécessaires avec la dépouille de ses boucs, tandis que la boute, la grande outre en peau de bœuf, était l'objet d'une fabrication spéciale. La plupart venaient du Puy.

Les notes du curé Aulanier nous montrent une boute de vin du Rivage figurant dans la dot d'une mariée.

La charge de chaque mulet était entièrement recouverte d'une bâche de laine grossière, à grands carreaux noirs et gris, appelée la ***cuberte***.

Le mulet, une fois chargé le matin, restait sous le poids de son lourd fardeau, jusqu'au lieu de la couchée.

De là, un dicton des paysans du Coiron, quand les jours sont grands, ils disent : les muletiers doivent être contents.

Au contraire, quand les jours diminuent, ils observent que les muletiers font la mine. C'est qu'en effet les muletiers, regagnant la montagne, voyageaient sans aucune halte, depuis le matin jusqu'au soir. Plus la journée était longue, plus ils faisaient du chemin.

Pour équiper de toutes pièces un mulet, il n'y allait pas moins de cent écus à vingt-cinq louis (300 francs à 500 francs).

Le bât (la barde) était d'un volume énorme et d'un poids écrasant, et il fallait toute la force de nos muletiers pour soulever et hisser une telle masse sur le dos de la bête.

La ***croupière***, formée d'un demi-cercle de bois de frêne ou de micocoulier, était parfois sculptée et toujours abondamment ornée de brillantes têtes de clous, comme aussi agrémentée, à droite et à gauche de la queue, d'une demi-douzaine de pompons pendants, de la plus belle forme et du rouge le plus vif.

Le dessous du ventre était entièrement recouvert par la sous-ventrière, sorte de nappe frangée et chargée d'une infinité d'ornements multicolores.

Une autre pièce, quadrangulaire et décorée de même, drapait le devant du poitrail de l'animal et descendait flottante jusqu'aux genoux : c'était la ***fandalière***, du mot patois *fandâou* qui signifie tablier.

Au-dessus de la fandalière, quatre ou cinq courroies, chargées de clochettes de diverses grandeurs, partaient des angles du bât, contournaient le poitrail, et formaient avec le triple collier garni de grelots, ce qu'on appelait le ***trin-trin***.

En sus du trintrin, au cou du Viégi, était suspendue la ***cayrade***.

La cayrade était une énorme clochette, faite de feuilles de cuivre battu, à l'instar des sonnailles et bidourles des ovelias (troupeaux transhumants) de la Provence. Elle était bataillée d'un gros os perforé, au bout duquel pendait, en dehors de l'orifice métallique, un beau gland de laine rouge.

Le son grave et cuivré de la cayrade, mêlé aux sons aigus et variés à l'infini des sonnettes et grelots du trintrin, produisait le plus bruyant des carillons et le plus gai des charivaris, à tel point que, dans la contrée, les oreilles en tintaient une lieue à la ronde. Par exemple, à la couchée, le muletier ou son valet avait grand besoin de surveiller les petits galopins de l'endroit, toujours prêts à se glisser dans l'écurie, pour dérober quelque sonnette ou grelot.

Les coubles de vingt à vingt-cinq mulets, c'est-à-dire les grandes coubles, avaient le privilège usagier de traverser villes et bourgs, trintrin sonnant et cayrade battante. En vertu d'une autre vieille coutume, un setier de vin revenait au

Un bât rustique ancien et différents bâts modernes.

muletier, par-dessus le marché, comme prix d'honneur de la cayrade, sans qu'il fût besoin de le stipuler dans la pache.

Le ***bridel*** qui enserrait la tête du mulet dans une sorte de treillage, composé d'un assemblage de courroies, et entièrement recouvert de clous dorés et de rosettes de laine aux couleurs variées, était le nec plus ultra de l'art du bourrelier.

Du mors partaient deux solides courroies, dont l'une, appelée la ***rêne***, allait s'adapter à l'uffical du bât, relevait la tête de l'animal et la forçait à se tenir haute ; l'autre maintenait le mulet dans la ligne, en l'attachant à la croupière du mulet précédent.

Trois plaques de cuivre, de forme arrondie et d'environ quinze centimètres de diamètre, ornaient la partie supérieure de la tête. L'une plaquait sur le front, et les deux autres, à droite et à gauche, plaquaient sur les tempes, le tout accosté de pompons de laine rouge flottant dans les intervalles. Ces plaques, appelées ***lunettes*** par le vulgaire, et ***phalères*** [1] par les antiquaires, produisaient le plus grand effet, surtout lorsque la couble défilait sous les rayons d'un soleil ardent : c'était alors un véritable défilé de fulgurations et d'éclairs.

Une grande poche, à mailles de corde, décorée d'un grand soleil ou d'une grande lune, broderie en applicage et aux vives couleurs, était appendue au bout du bridel ; c'était le ***moural***, c'est-à-dire la crèche ambulante et le râtelier portatif du mulet.

Mais le plus bel ornement du mulet, au moins le plus apparent, était le long et splendide ***plumet*** en laine rouge, haut d'un pied, qui se dressait entre les deux oreilles de l'animal et en complétait la décoration théâtrale.

Pourquoi mettait-on des clochettes aux chevaux et aux mulets ? Était-ce simplement pour l'ornement et la

---

1 – Les phalères sont des plaques d'or, d'argent ou de bronze, gravées ou ciselées, que les personnes de distinction portaient sur la poitrine, attachées à de larges buffleteries, qui faisaient le tour du corps.

Parmi les soldats, c'était une décoration militaire que décernaient les chefs ; mais, quelquefois, elles servaient à des harnais de luxe pour les chevaux. On les plaçait alors au cou, à la muserole, au poitrail, et elles tombaient en pendant, s'agitant et brillant à chaque mouvement de l'animal. (*Congrès archéologique de France, 1875 – Dictionnaire des antiquités grecques et romaines* par Antoine Richard).

musique ? On nous a affirmé que les chevaux et les mulets pouvaient dormir, ou tout au moins sommeiller en marchant, et que les clochettes et grelots avaient, entre autres buts, celui de les tenir éveillés. Ce bruit avait aussi, dit-on, pour effet d'écarter les mouches, et enfin il était destiné sans doute à prévenir de loin les aubergistes et les vignerons de l'approche des muletiers.

Les muletiers étaient très fiers de leurs bêtes, et l'un d'eux, plus ferré sur les sentiers cévenols que sur les choses du Vatican, prétendait qu'ils étaient « les descendants directs de la mule du pape ».

Durant des siècles donc, muletiers et mulets auront arpenté les chemins de l'Auvergne comme ailleurs ceux des Alpes et des Pyrénées.

Un coup fatal leur sera porté par le progrès ou supposé tel : le chemin de fer relègue les coubles au chapitre des traditions obsolètes et, même si les trajets muletiers ne figurent pas parmi les priorités de l'implantation du rail, à la fin du 19e locomotives et wagons ont définitivement tué le mulet. L'effectif de sa population en France est en net déclin à partir de 1880, et seule la première guerre mondiale lui redonnera une vigueur toute artificielle et bien provisoire.

Par chance, il nous reste de cette époque une quantité importante d'objets auxquels nous avons fait allusion, et qui sont parmi les plus symboliques et attachants de l'art populaire : les plaques muletières.

LES PLAQUES MULETIÈRES
ou phalères

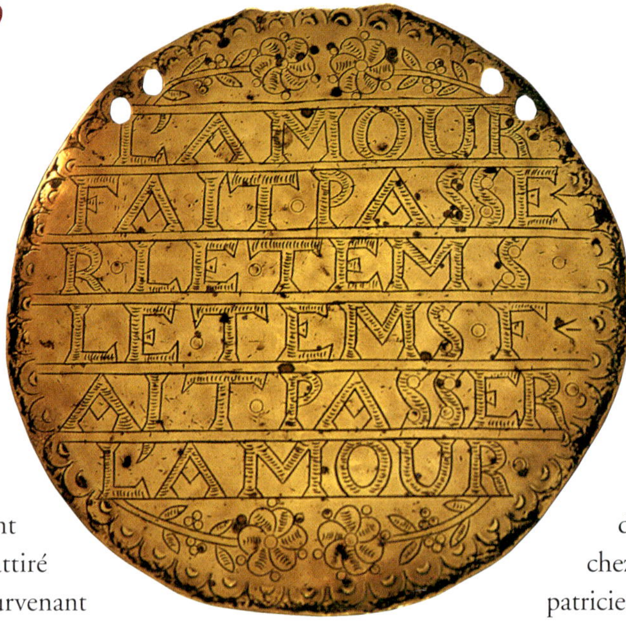

Harnachés ou bâtés, l'âne et la mule portent fréquemment des œillères ; elles ont un rôle multiple : restreindre le champ visuel, protéger du soleil et éviter à la bête autant que possible d'avoir le regard attiré par tout événement brusque survenant latéralement.

En restreignant le champ visuel, on oblige l'âne – sauf à ce qu'il tourne la tête – à regarder son chemin droit devant lui, et donc à détecter les changements de direction prévisibles et les obstacles éventuels.

Les changements de direction sont permanents sur les sentiers de montagne et, l'âne étant sujet au vertige, il préfère dès son plus jeune âge suivre le chemin des yeux. Quant aux obstacles, arbres et rochers en travers sont bien visibles mais, pas plus que l'homme, l'âne n'apprécie de marcher sur les pierres. Il possède simplement l'extraordinaire faculté de s'en accommoder parfaitement grâce à l'extrême sensibilité de son pied.

Les œillères sont donc fonctionnelles.

Ordinairement en cuir, elles furent pourtant localement remplacées par les "lunes" ou phalères, aujourd'hui appelées plaques muletières.

On sait que les phalères étaient des sortes de bijoux récompensant chez les Romains quelque mérite d'un patricien.

Vers le 15e siècle, on vit dans certaines régions apparaître sur les mules des disques en laiton d'une quinzaine de centimètres de diamètre à vocation d'œillères. Ces disques étaient généralement gravés aux armes du propriétaire de la bête : c'est dire que l'emploi n'en était pas banal. Et pour faire bonne mesure, puisque l'argent ne manquait pas dans ces familles, on en suspendait une troisième sur le front de l'animal pour le protéger des rayons du soleil.

Ainsi parées, les mules avaient fière allure et, la mode se répandant, on en vint dans certaines régions de montagne à généraliser ces "lunes" qui avaient un autre mérite : par temps ensoleillé les plaques jouaient le rôle de miroir et, à des kilomètres, le convoi se signalait à ceux qui l'attendaient ou devaient le croiser.

Carle Van Loo : La halte de chasse
Musée du Louvre. © Photo RMN

« Contentement passe richesse, vive Dufour et son épouse… »

« François Gautran de la Coume »

« J'aime le lis, j'aime la rose, et j'aime l'honneur sur toute chose »

« J'aime Marion, j'aime son nom. »

« À bon appétit, il ne faut point de sauce ni de moutarde. »

« Vive Hugues et sa maîtresse qui l'aime sans cesse malgré l'envie. »

« Contentement passe richesse, vive Antoine Vaigalier et sa maîtresse qui s'aimeront sans cesse. »

Les propriétaires de mules n'étant pas tous de haute lignée, il fallut encore trouver à remplacer armes et blasons par quelque chose de symbolique. Ce fut une extraordinaire prolifération d'allégories de toutes sortes : les saints y tiennent une bonne place, saint Eloi en tête. Les grands thèmes de l'univers : soleil, lune, terre y ont été déclinés, puis le patronyme du propriétaire, puis des devises plus générales, ou des messages dédiés à la bien-aimée : "*J'aime Marion, j'aime son nom*" ; ou à Dieu ou au roi : "*Vive Dieu et le Roi*". Les fleurs de lys y sont fréquentes, comme des symboles plus républicains, façon d'afficher ses convictions réelles ou opportunistes durant la Révolution.

Certains thèmes sont récurrents et on a pu trouver la patte de quelques bons faiseurs sur des plaques très différentes, prouvant la spécialisation de quelques artisans dans certaines régions.

On peut penser aussi que ces accessoires tenaient lieu de "plaque d'identité" dans les relais : les harnachements se ressemblaient fort et il était plus simple à chacun de retrouver son bien sans confusion possible.

Dans trois régions françaises, les plaques muletières étaient la règle sur les mules de convoi : le Velay, le Vivarais et le Gévaudan, tous trois pays de haute tradition populaire. Mais on a retrouvé ailleurs des lunes d'inspiration locale : en Savoie, en Provence, en Béarn, le point commun étant le caractère accidenté des lieux. Peut-être y en eut-il ailleurs en France. Le fait est en tout cas irréfutable pour la région parisienne, et pas n'importe où ! Un tableau de Carle Van Loo exposé au Louvre intitulé *La halte de chasse*, montre un déjeuner de Louis XV lors d'une partie de chasse : l'assemblée se restaure joyeusement, et pour que le confort soit au rendez-vous, une mule a apporté les précieux couverts, les différentes victuailles et tous les accessoires nécessaires à un pique-nique royal. Et comme on pourra voir avant, la mule est équipée de son harnachement d'apparat, incluant les plaques muletières, probablement aux armes des Bourbons.

Beaucoup de ces plaques ont hélas disparu, le métal jaune étant très recherché à certaines époques. Il en reste heureusement dans quelques musées et certaines collections privées. Elles sont parmi les objets d'Art populaire les plus attachants.

On peut en voir une importante collection au musée languedocien à Montpellier. D'autres musées d'Art populaire en présentent quelques-unes : le musée Crozatier au Puy-en-Velay, le musée Filhol à Annonay, les musées de Mende, de Saint-Jean-du-Gard, de Gap, de Grenoble et les A.T.P. à Paris.

Saint Eloi et la Vierge noire du Puy-en-Velay sont très prisés des muletiers.

« Vive le roy de France »

Avec les maximes et les allégories (pages précédentes), les armoiries du propriétaire étaient les motifs les plus fréquents.

Musée languedocien - Montpellier, et collection privée

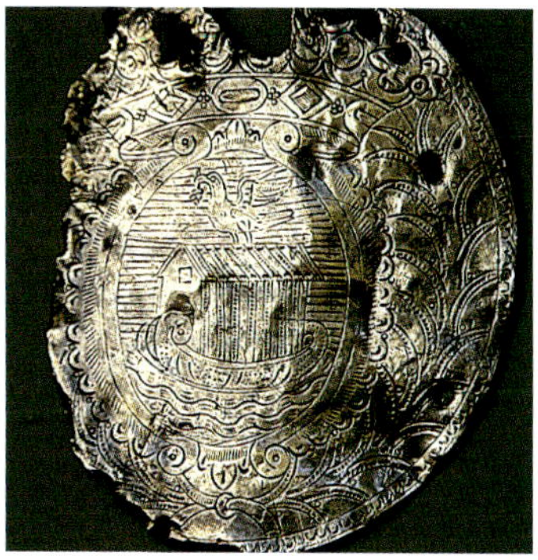

CHARDON

4e partie

la Symbolique de l'Âne

« Car le chien [...]
nous accompagnait
à la messe de minuit
en mémoire d'une
nuit où le bœuf et
l'âne avaient reçu le
don de la parole. »

COLETTE
Paris de ma Fenêtre

Âne, SYMBOLE & TRADITION

L'âne a toujours été le compagnon par excellence de très nombreux Saints.

Tour à tour image de l'entêtement, de la gentillesse, de la bêtise, de la douceur, du serviteur, de l'obsession, l'âne multimillénaire a suscité les croyances les plus extravagantes, les certitudes les plus farfelues, et les symboles les plus erronés.

Il y faudrait plusieurs volumes rien que pour la France. Encore pourrait-on les compléter tous les jours ou presque.

René Volot, asinophile convaincu, a consacré au sujet il y a quelques année un savant *Esprit de l'âne* qui en dit long sur le thème. Mon propos est plutôt d'illustrer les diverses facettes de la question. Et j'en étais à me demander par quel bout j'allais bien pouvoir prendre le problème, lorsque voici un an un libraire spécialisé dans le livre ancien me propose un ouvrage de 1786 : il me savait travaillant sur le sujet et, avec des précautions d'orfèvre :

« Evidemment, ça n'a qu'un rapport indirect avec ce que vous faites, mais il y est tout de même beaucoup question d'âne… »

Poussé par la curiosité – c'est un travers incurable – je fis l'acquisition d'un vilain livre mal broché qui ne figurait pas dans les bibliographies. *L'âne promeneur, ou Critès promené par son âne* – c'était le titre – ne se prévalait d'aucun auteur, se prétendait imprimé et édité à Pampelune *chez Démocrite, Imprimeur – Libraire de son Allégresse Sérénissime Falot Momus, au Grelot de la Folie – une planche gravée.*

L'ouvrage comportait un frontispice, qu'on trouvera en p. 166, et, sous un modeste sous-titre : *Chef d'œuvre pour servir d'Apologie au Goût, aux Mœurs, à l'Esprit et aux Découvertes du siècle.*

Une belle vignette à thème de grelots et bonnets de la Folie donnait le ton de l'ouvrage.

Je m'y plongeai avec délectation.

C'est l'un des bouquins les plus curieux qu'il m'ait été donné de lire !

Sous les prétextes les plus divers et les plus futiles, l'auteur – savetier de formation – y passe en revue tous les préjugés sur l'âne, et toutes les légendes, des plus reculées de la mythologie aux plus crédibles de ses contemporains sur le quadrupède aux grandes oreilles.

« Dieu, nous dit M. Français de Nantes, a créé l'âne, libre, sobre, patient, laborieux, fidèle ; l'homme a fait le baudet, rétif, indocile, vindicatif ; il lui a donné ses vices, et n'a su lui emprunter ni ses vertus, ni ses qualités. »

G. de Labaume
De l'amélioration de la race des ânes - 1838

La vérité oblige à dire que l'ouvrage fut attribué à un certain Antoine Joseph Gorsas, réputé contestataire, devenu commis à la Ferme générale des Domaines à Versailles, puis éditeur de gazettes mal pensantes, et qui, emprisonné à plusieurs reprises, épousa l'idéal révolutionnaire avant d'être logiquement guillotiné en 1793, étant revenu par erreur à Paris.

Mais quel délice !

Tout le monde y passe : Voltaire, Rousseau, Beaumarchais, la famille royale, etc.

Reprenant dans des préfaces successives – l'ouvrage est une suite de préfaces – tous les aspects de la symbolique de l'âne, Gu-tien-gu – c'est le nom de son âne, on est en plein snobisme chinois – se paie la tête du tout-Paris, trois ans avant la Révolution. Jusqu'à La Fontaine, l'icône, brocardé lui aussi cent ans après sa mort. Il faut dire que c'était un vrai "coup de pied de l'âne" : dans une douzaine de fables, le fabuliste ne s'était pas privé d'en rajouter sur la bêtise et la suffisance du "grison".

On trouvera donc dans les pages qui suivent quelques aspects illustrés de cet abondant imaginaire collectif, dans ses formes les plus célèbres.

13e Année. — N° 97 | 10 centimes. | 5 octobre 1901.

LE
Petit Français illustré
JOURNAL DES ÉCOLIERS ET DES ÉCOLIÈRES

FRANCE : UN AN, 6 FRANCS (du 1er de chaque mois) | *Librairie Armand Colin* Paris, 5, rue de Mézières. | UNION POSTALE : UN AN, 7 FRANCS (Paraît chaque Samedi)

Ils s'en vont par les grands chemins d'Espagne.
Les types créés par les grands écrivains. — III. Don Quichotte et Sancho Pança.

le bonnet d'âne

Le terme ne figure ni dans le Littré, ni dans le petit Larousse.

Et pourtant, tout le monde connaît sa signification : on affublait, à la fin du 19e siècle et au début du 20e les cancres d'un bonnet d'âne.

En toile cousue, bourrée de crin, en papier mâché, en carton formé orné de vraies oreilles d'ânes (oui, oui !), le fameux bonnet figurait dans la panoplie de tout instituteur bien outillé. Parfois même, ledit bonnet tenait lieu de trophée transmissible : l'élève "élu", le récipiendaire, le portait jusqu'à ce qu'un "plus méritant" l'en dépossédât, et ainsi de suite, jusqu'à la fin de l'année scolaire.

La "vieille Europe" reconnaissait le même mérite au même bonnet : en Allemagne, en Angleterre, en Espagne, les cancres ou supposés avaient droit au bonnet.

Mais depuis quand ?

Voltaire nous apprend qu'il est en vigueur au 18e : *Il n'y a qu'un bonnet d'âne à mettre sur la tête d'un savant qui croit savoir bien ce que c'est que la dureté, la cohérence*, et La Fontaine, encore lui, merci, que cent ans plus tôt, le bonnet est déjà d'actualité :

Il devait au bout de dix ans
Mettre son âne sur les bancs ;
Sinon il consentait d'être en place publique
Guindé la hart au col, étranglé court et net,
Ayant au dos sa rhétorique,
Et les oreilles d'un baudet.

Ce qui ne veut pas dire qu'on ne l'ait pas pratiqué bien avant, mais les traces nous manquent.

« Il n'y a qu'un bonnet d'âne à mettre
sur la tête d'un savant qui croit savoir bien
ce que c'est que la dureté, la cohérence. »

VOLTAIRE
Lettres prussiennes

L'âne savant et ridicule

C'est une autre constante de l'imaginaire collectif relatif à l'âne. L'animal réputé simplet, se voudrait au contraire instruit, donneur de leçons. Tous ceux qui le côtoient et le connaissent peuvent témoigner du contraire : l'âne est toujours humble et, dans les moments où on le lui contesterait, il n'a qu'un comportement : la résignation.

Juristische Belehrung. 105 × 163

Au Bon Marché

La Fête du Village

Au Bon Marché

La Fanfare

Schulstunde. 102 × 171

L'imagerie populaire européenne fourmille d'ânes instituteurs, professeurs ou notables.

Peut-être est-ce cela qui lui a valu cette notoriété de suffisance condescendante ? Ne pouvant argumenter face à l'homme, le message se résumerait à peu près à ceci :

« Si vous n'êtes pas capable de saisir ce que je veux vous faire comprendre, c'est que vous m'êtes inférieur. Cessons là toute discussion. »

L'âne caricature

Durant tout le 19e siècle, l'âne sera un des personnages privilégiés de la caricature : facile à croquer, aisément identifiable, ridicule à souhait déguisé en anthropomorphe, l'âne va faire les beaux jours des couvertures en couleurs de la pléiade de journaux satiriques : *Le Rire*, *l'Eclipse*, *La Récréation*, toutes tendances confondues, peu de dirigeants politiques échapperont à leur représentation asine.

Mais dès le début du siècle (1814), cette caricature restée célèbre met en scène les grandes oreilles : une ronde d'une douzaine d'ânes danse autour d'un autodafé de la littérature encyclopédique dont le Phénix s'envole des cendres pour rejoindre un temple académique. Les ânes réactionnaires manifestent bruyamment en brayant ou en soufflant dans un cor de chasse ; tandis qu'un membre du clergé souffle sur les braises, magistrats, enseignants, notables se donnent joyeusement la main autour du foyer.

« Mon âne,
mon âne a bien mal à son nez ;
Madame lui fait faire un joli cache-nez.
Un joli cache-nez,
Un' pair' de lunettes bleues,
Un' pair' de boucl's d'oreilles,
Un bonnet pour sa fête,
Et des souliers lilas, la la
Et des souliers lilas. »

(Chanson populaire)

L'âne têtu

Sans doute est-ce là le trait le plus marquant de l'âne, celui qui a coûté à l'animal sa réputation presque définitive :

« Têtu comme une mule », « Têtu comme l'âne bâté ».

Nous avons dit au premier chapitre ce que nous pensions de cette réputation.

Il faut toutefois bien reconnaître que lorsqu'un âne a décidé quelque chose, ou beaucoup plus souvent de ne pas faire quelque chose, il faut infiniment de diplomatie, de douceur et de persuasion pour qu'il y consente finalement. Encore y-a-t'il gros à parier que l'animal a mis en mémoire ce fâcheux épisode, et que sa mansuétude ne vous fera pas cadeau de récidive. Pour l'avoir oublié, nombreux sont les randonneurs qui ont eu à le regretter au passage d'un gué ou d'un pont : passe une fois, mais pas deux… Cela aussi rend l'âne sympathique : il ne saurait se plier à quelque injonction que ce soit s'il ne l'estime pas fondée.

« On les accuse d'être entêtés, lâches, timides et méchants. Voilà, sans doute, un corps d'accusation bien grave : rien cependant de plus facile à détruire : c'est une pure calomnie.

L'âne a naturellement de la confiance et de la fermeté ; c'est ce qui fait qu'en hébreux une ânesse s'appelle *athon*, qui vient du verbe *athana*, lequel signifie être ferme dans ses desseins : ce qui s'accorde assez bien avec ce qu'Homère dit d'Achille, dont il compare la fermeté à celle d'un âne, au Livre second de son Iliade.

Si la confiance et la fermeté sont louables dans ce Héros, pourquoi en faire un crime dans un âne ? Pourquoi ce qui est vertu dans l'un, sera-t-il un vice dans l'autre ? On méprise un Sénateur faible, qui varie, qui chancelle dans son sentiment : on rit de Soliman qu'un petit nez retroussé fait penser à la Babylonienne, et lorsqu'un âne est constant dans ses résolutions, on dit c'est un opiniâtre, un entêté. Une pareille inconséquence suffit pour détruire ce premier chef d'accusation. »

« Le soir vint ; tirant l'âne obstiné qui recule,
Le soldat se remit en route au crépuscule. »

Victor Hugo
La Légende des Siècles

Pour un âne, non c'est non !

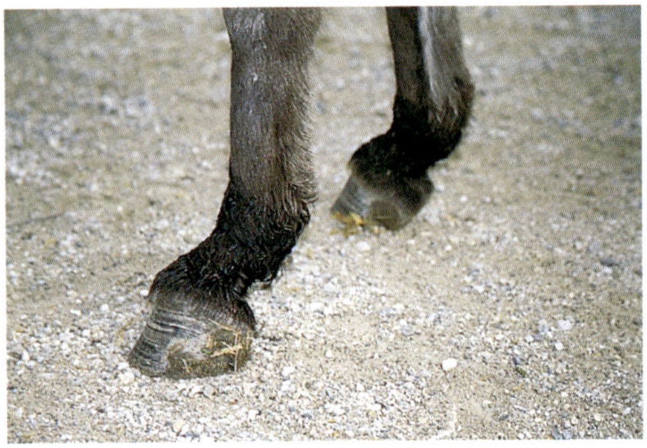

Le coup de pied de l'âne

L'âne ne possède pour sa défense que trois armes : son braiment, sa morsure et son coup de pied.

Le premier est essentiellement dissuasif. La seconde est beaucoup plus redoutable, mais il ne s'en sert guère que vis-à-vis de ses congénères et des chiens agressifs. Son coup de pied est autrement à craindre. C'est en fait une ruade, et les deux pattes arrières, projetées presque simultanément avec une rapidité insoupçonnée chez cet animal débonnaire, lui permettent de se défendre même lorsqu'il est attaché.

Le caractère inopiné de l'attaque et sa survenue improbable l'ont fait passer à la postérité : c'est le geste belliqueux et sournois auquel on ne s'attend plus. Et plus généralement encore quelque action néfaste arrivant après et même longtemps après qu'on ait pu s'y attendre.

Cet art magnifique que les vandales avaient produit, les académies l'ont tué. Aux siècles, aux révolutions qui dévastent du moins avec impartialité et grandeur, est venue s'adjoindre la nuée des architectes d'école, patentés, jurés et assermentés, dégradant avec le discernement et le choix du mauvais goût, substituant les chicorées de Louis XV aux dentelles gothiques pour la plus grande gloire du Parthénon. C'est le coup de pied de l'âne au lion mourant. C'est le vieux chêne qui se couronne, et qui, pour comble, est piqué, mordu, déchiqueté par les chenilles.

Victor Hugo, *Notre-Dame de Paris*

« À quinze lieues autour de mon moulin,
quand on parle d'un homme
rancunier, vindicatif, on dit :
« Cet homme-là ! méfiez-vous !
il est comme la mule du pape,
qui garde sept ans son coup de pied ».

Alphonse Daudet
Lettres de mon moulin - La mule du pape

L'âne sacré

Quadrupède domestique par excellence dans tous les pays du Moyen-Orient, l'âne occupe une place de choix dans l'Ancien et le Nouveau Testaments.

Il est présent lors de la nativité, à côté du bœuf, pour réchauffer Jésus, il est aussi plus tard, le “véhicule” de Marie lors de la fuite en Egypte. On le retrouve encore portant le Christ lors de l'entrée dans Jérusalem et lors de la scène des Rameaux : c'est cette fois une ânesse, symbole « d'humilité, de pauvreté, de paix, de patience et de courage » [1]

Dans d'autres civilisations, on retrouve l'âne en puissance maléfique (l'âne rouge chez les Egyptiens, le gardien des morts en Inde) ou bénéfique (les immortels en Chine).

1 – Chevalier et Gheerbrant in *Dictionnaire des symboles.*

Photo Alain Christof

Un peu partout dans le monde chrétien, on a célébré ces épisodes essentiels du Nouveau Testament.

L'âne santon

Représentation de la crèche en trois dimensions, il est normal que l'âne y occupe une place importante : il est l'un des dix personnages essentiels et, partie intégrante du paysage provençal jusqu'à des temps récents, cette double situation lui a valu d'être décliné de mille et une façons :

Il est, bien sûr, en pendant du bœuf, près de l'enfant Jésus, mais on le trouve également en fidèle compagnon du meunier, en porteur d'offrandes des rois mages et autres. Ce pourrait être un sujet de collection en soi.

La mode des santons a conduit à doter l'âne de la crèche de quelques compagnons moins symboliques.
Photos Alain Christof extraites de Mémoires des Santons de Provence (Équinoxe)

L'âne du Père Noël

Avant que son traîneau ne fût tiré par un ou plusieurs rennes pour cause de marketing plus efficace, le Père Noël, comme son compère saint Nicolas, faisait sa tournée sur un âne. Ça allait moins vite, mais c'était plus crédible lorsque la neige ne blanchissait pas les paysages ce jour-là.

Les célébrités de l'âne

Elles sont légions…

Depuis la plus haute Antiquité, l'imaginaire collectif a donné à l'âne un rôle éminent, tantôt noble, tantôt péjoratif : on peut citer Midas, qu'Apollon affubla d'oreilles d'âne par vengeance car le roi préférait la grande musique à la flûte, l'âne d'or d'Apulée, ou encore l'ânesse de Baalam qui, battue par son cavalier, finira par lui révéler que l'appât du gain est mauvais conseiller.

L'âne de Buridan symbolise l'hésitation : incapable de choisir entre le seau d'eau et le seau de son, la bête mourut de faim et de soif.

Le mulet de Thalès quant à lui inspira par la suite La Fontaine : chargé de sel, il tomba dans l'eau. Se sentant beaucoup plus léger après cette aventure, il ne manquait jamais de prendre un bain quand l'occasion se présentait. La caravane s'en trouvant ralentie, Thalès, éminent mathématicien, trouva le moyen de lui en passer l'envie en le chargeant d'éponges.

Plus près de nous, au Moyen Âge, deux manifestations contradictoires avaient lieu chaque année : la messe de l'âne et la fête des fous. L'âne en était la vedette dans le premier cas, le symbole dans le second. À Paris, Rouen, Autun, Sens et dans bien d'autres villes, au moment de Noël, on faisait entrer l'âne en grande pompe dans la cathédrale ou l'église ; drapé d'or, il était installé dans le chœur et le clergé entonnait cette curieuse messe en latin : « *De l'Orient vint un âne, très beau et très puissant, il a vaincu à la course les faons, les daims et les chevreuils* ». Ce à quoi l'assemblée répondait en chœur et en français : « *Hé, sire âne, car chantez, belle bouche rechignez, vous aurez du foin assez et de l'avoine à planter* ». Durant toute cette curieuse messe, les traditionnels *amen* ou *ainsi soit-il* des fidèles étaient remplacés par un vibrant *hi-han.* (rapporté par Pierre de Corbeil, archevêque de Sens entre 1194 et 1213).

La cérémonie ne devait pas manquer d'allure…

La fête des fous non plus, réponse païenne à cet office loufoque. Gorsas la décrit ainsi :

Il y avait autrefois, surtout en Normandie, une Société appelée la Société des Cornards, sous l'invocation de saint Barnabé : cette Confrérie était présidée par un chef qu'on nommait Pater Abbas Cornardorum. À Rouen, pendant le Carnaval, on le promenait en grande pompe sur un char. Il était crossé, mitré, et on lui rendait les plus grands honneurs. À Evreux, on le promenait sur un âne. Ses Acolytes faisaient mille extravagances, et chantaient des chansons satyriques sur les évènements scandaleux qui étaient arrivés pendant l'année : ils avaient des Litanies et des Antiennes particulières. Il faut distinguer cette fête de celle de l'âne et des Sous-diacres. Il y a encore quelques traces de ces Bacchanales à Ligny-le-Châtel et lieux circonvoisins. Depuis la chandeleur jusqu'au mercredi des cendres, les jeunes gens font folies sur folies : malheur à un mari que sa femme aurait battu, ou à qui elle aurait fait une infidélité connue et avouée, à la fille qui aurait eu quelque faiblesse, etc, etc. Le jour du Mardi gras arrivé, toutes les femmes sont maîtresses, et les hommes obligés de s'acquitter des fonctions du ménage qui les regardent le moins. À midi sonnant, ils rentrent dans leurs droits ; alors ils s'habillent le plus grotesquement qu'ils peuvent ; ils vont chercher l'homme battu ou etc. Ils instruisent sa cause burlesquement : la Sentence rendue, ils le guident, bon gré mal gré, sur un âne, la tête tournée du côté de la queue ; ils lui rendent des honneurs ridicules : deux Acolytes le soutiennent avec des fourches, d'autres l'encensent avec un sabot rempli de crottes de l'âne : un torchon noirci au four leur sert d'étendard. Quand ce Roi de la fête a bu, ils l'essuient avec ce même torchon. Il y a cinq ans qu'un nommé Landouillé, riche laboureur de Varennes, s'était retiré à Ligny pour éviter la cérémonie qu'on lui préparait dans son village, les gens de Ligny, instruits du lieu de sa retraite, s'en saisirent. Il eut beau faire, il fallut monter sur l'âne, être promené, corné, encensé, enivré, barbouillé. Il intenta un procès aux nommés Pierre et Edme Mathée, auteurs principaux de la farce, et le perdit au Bailliage de Ligny.

Sixième année.— N° 263. Un numéro 10 centimes. DIMANCHE 9 NOVEMBRE 1873

DIRECTEUR F. POLO

ABONNEMENTS DÉPARTEMENTS

ANNONCES Fermage exclusif de la publicité ADOLPHE EWIG 10, rue Taitbout, 10

L'ECLIPSE

RÉDACTEUR EN CHEF F. POLO

ABONNEMENTS PARIS

Les abonnements partent du 1er de chaque mois

BUREAUX 16, rue du Croissant, 16

LE ROI D'YVETOT, PAR GILL

Voir au verso la nouvelle chanson du *Roi d'Yvetot*.

Le roi d'Yvetot

Il était un roi d'Yvetot
Peu connu dans l'histoire.
Se levant tard, se couchant tôt,
Dormant fort bien sans gloire,
Et couronné par Jeanneton
D'un simple bonnet de coton,
Dit-on.
Oh ! oh ! oh !oh ! Ah ! ah ! ah !
ah ! ah !

Quel bon petit roi c'était là,
La, la.
Il faisait ses quatre repas
Dans son palais de chaume,
Et sur un âne pas à pas
Parcourait son royaume.

Peau d'âne

Un roi, très riche, avait, dans ses écuries, un âne auquel il tenait beaucoup, car tous les jours il couvrait sa litière de pièces d'or.

Ce roi, devenu veuf, voulut épouser sa fille. Sa marraine, qui était fée, lui fit demander trois robes couleur de soleil, de lune et du temps.

Elle eut les trois robes. La fée, furieuse, pour empêcher ce mariage, lui fit demander la peau de l'âne.

Le roi le fit tuer. Sa fille se revêtit de cette peau et s'enfuit dans la campagne où, ne sachant que devenir, elle en fut réduite à garder les dindons d'une fermière.

Sa marraine lui ayant remis une baguette qui devait lui procurer les trois robes, elle mit un jour celle couleur de soleil.

Le fils d'un roi voisin étant malade, on pria Peau d'Ane de faire un pâté. Elle mit sa robe et laissa tomber sa bague dans le pâté.

Le prince, ayant trouvé cette bague dans le pâté, dit qu'il n'épousera que celle à qui elle appartient.

On l'essaya à toutes les femmes et, en raillant, on lui présenta Peau d'Ane à qui elle allait parfaitement.

Dès qu'elle l'eut mise, elle parut, aux yeux de tous, avec sa robe couleur de soleil. Le prince, émerveillé, l'épousa.

1 *Tous les matins, la litière du maître âne était couverte avec profusion de beaux écus au soleil et de louis d'or de toute espèce.*

« Pour vous rendre méconnaissable,
La dépouille de l'âne est un masque admirable.
Cachez-vous bien dans cette peau,
On ne croira jamais, tant elle est effroyable,
Qu'elle renferme rien de beau. »

3 *Mettant l'œil à la serrure, le prince vit la princesse si belle et si richement vêtue qu'il la prit pour une divinité.*

4 *La bague s'ajusta sans peine au plus joli petit doigt du monde.*

Don Quichotte

Le célèbre chevalier espagnol, pourfendeur de moulins à vent et toujours accompagné de son fidèle serviteur Sancho Pança qui monte – hiérarchie oblige – une vieille mule tandis que Don Quichotte chevauche Rossinante, une vieille jument efflanquée. Rappelons tout de même que le roman a été écrit en 1611 et que c'est un précieux témoignage sur les ânes et les mules à cette époque.

« Défie-toi du bœuf
par devant,
de la mule
par derrière
et du moine
de tous les côtés. »

CERVANTÈS

Vlan ! Vlan ! Le bâton ne cessait de me frotter les reins, les jambes, le cou ; je trottais, je galopais presque ; la fermière me battait toujours. Je fus indigné de tant d'injustice et de cruauté ; j'essayai de ruer pour jeter ma maîtresse par terre, mais j'étais trop chargé ; je ne pus que sautiller et me secouer de droite et de gauche. J'eus pourtant le plaisir de la sentir dégringoler. « Méchant âne ! sot animal ! entêté ! Je vais te corriger et te donner du Martin-bâton ».

BIBLIOTHÈQUE ROSE — EN VENTE AU BON MARCHÉ

Mémoires d'un âne

Qui n'a pas lu le célèbre ouvrage de la Comtesse de Ségur ? Emblématique de la Bibliothèque Rose, le bon Cadichon aura bercé des générations d'enfants sages, mais, à relire ses souvenirs, on peut reconnaître à la Comtesse un grand mérite : elle est l'une des premières à avoir tenté de réhabiliter l'animal, méprisé et maltraité au début du roman, évoluant en subtil redresseur de torts pour terminer en sauveteur providentiel. L'eau de rose n'est pas loin, mais l'âne y a trouvé un nouveau regard sur ses mérites.

BIBLIOTHÈQUE ROSE — EN VENTE AU BON MARCHÉ

Je fis un pas vers les gendarmes, qui devinèrent ma manœuvre, et je revins me placer près de l'entrée des souterrains. Je me remis à braire ; cette fois, personne ne me répondit ; je devinai que les voleurs, pour empêcher mes camarades de les trahir, leur avaient attaché des pierres à la queue. Tout le monde sait que, pour braire, nous dressons notre queue ; ne pouvant pas la dresser, à cause du poids de la pierre, mes camarades se taisaient.

MÉMOIRES D'UN ANE _ 3. *Je m'approchai de l'entrée des souterrains et je me mis a braire de toutes les forces de mes poumons.*

BIBLIOTHÈQUE ROSE — EN VENTE AU BON MARCHÉ

MÉMOIRES D'UN ANE _ 4. *Quelle ne fut pas ma douleur en reconnaissant Médor, mon ami, mon meilleur ami !*

BIBLIOTHÈQUE ROSE — EN VENTE AU BON MARCHÉ

MÉMOIRES D'UN ANE _ 5. *Je marchai d'un pas résolu vers la grosse femme, je lui arrachai le bouquet et j'allai le déposer sur les genoux de Camille.*

BIBLIOTHÈQUE ROSE — EN VENTE AU BON MARCHÉ

MÉMOIRES D'UN ANE _ 6. *Je regrimpai la pente, fort escarpée, tirant toujours Auguste, au risque de lui occasionner quelques bosses.*

BIBLIOTHÈQUE ROSE — EN VENTE AU BON MARCHÉ

Fables

Les fables sont, au regard de l'âne, intéressantes à divers titres : révélatrices du mépris ou de l'indifférence qu'on porte à l'animal à des périodes bien datées.

La Fontaine a beaucoup donné et l'on compte une douzaine de fables dans lesquelles l'âne y tient les premiers rôles et une dizaine dans lesquelles il apparaît.

Presque toutes sont péjoratives, et probablement est-ce là le reflet de l'opinion sur l'âne au dix-septième siècle. Mais lorsqu'on sait que La Fontaine – versificateur hors pair mais piètre idéateur – s'inspira très précisément de Phèdre (vers l'an 50), qui lui-même avait largement puisé dans Esope (4e siècle avant Jésus Christ), on constate que la "renommée" de l'âne ne date pas d'hier et que, dans l'Antiquité, son image n'était déjà pas brillante…

C'est d'ailleurs une constante dans la littérature de Haute Époque, Rabelais faisant référence à plusieurs reprises à maître Aliboron, expression employée pour désigner un âne et, par extension, un ignorant suffisant.

Le Meunier, son Fils et l'Âne

…
J'ai lu dans quelque endroit qu'un meunier et son fils,
L'un vieillard, l'autre enfant, non pas des plus petits,
Mais garçon de quinze ans, si j'ai bonne mémoire,
Allaient vendre leur âne, un certain jour de foire.
Afin qu'il fût plus frais et de meilleur débit,
On lui lia les pieds, on vous le suspendit :
Puis cet homme et son fils le portent comme un lustre.
Pauvres gens ! idiots ! couple ignorant et rustre !
Le premier qui les vit de rire s'éclata :
Quelle farce, dit-il, vont jouer ces gens-là ?
Le plus âne des trois n'est pas celui qu'on pense.
…

AU BON MARCHÉ
LE MEUNIER,
SON FILS ET L'ANE
1
Un meunier et son fils
L'un vieillard, l'autre enfant. . . . . . .
Allaient vendre leur âne, un certain jour de foire.
. . . .
On lui lia les pieds, on vous le suspendit ;

AU BON MARCHÉ
LE MEUNIER,
SON FILS ET L'ANE
5
L'homme crût avoir tort et mit son fils en croupe
Au bout de trente pas, une troisième troupe
. . . .
Eh quoi? charger ainsi cette pauvre bourrique
N'ont-ils point de pitié de leur vieux domestique?
Sans doute qu'à la foire ils vont vendre sa peau.

AU BON MARCHÉ
LE MEUNIER,
SON FILS ET L'ANE
8
. . . . Ils descendent tous deux
Un quidam les rencontre, et dit : Est-ce la mo
Que baudet aille à l'aise et meunier s'incommode?
Qui de l'âne ou du maître est fait pour se lasser?
. . . . Le meunier repartit :
Mais que dorénavant on me blâme on me loue,
J'en veux faire à ma tête. Il le fit, et fit bien.

AU BON MARCHÉ
LE MEUNIER,
SON FILS ET L'ANE
2
Puis cet homme et son fils le portent comme un lustre
. . . .
Le premier qui les vit de rire s'éclata :
Quelle farce, dit-il, vont jouer ces gens-là?
Le plus âne des trois n'est pas celui qu'on pense.

AU BON MARCHÉ
LE MEUNIER,
SON FILS ET L'ANE
4
Quand trois filles passant, l'une dit : C'est grand'honte
Qu'il faille voir clocher ce jeune fils,
Tandis que ce nigaud, comme un évêque assis
Fait le veau sur son âne et pense être bien sage.

AU BON MARCHÉ
LE MEUNIER,
SON FILS ET L'ANE
3
Il fit monter son fils, il suit ; et d'aventure
Passent trois bons marchands . . . .
. . . .
Jeune homme qui menez, laquais à barbe grise!
C'était à vous de suivre, au vieillard à monter.

Le Renard et le Buste

Les grands, pour la plupart, sont masques de théâtre ;
Leur apparence impose au vulgaire idolâtre.
L'âne n'en sait juger que par ce qu'il en voit :
Le renard, au contraire, à fond les examine,
Les tourne de tout sens ; et, quand il s'aperçoit
Que leur fait n'est que bonne mine,
Il leur applique un mot qu'un buste de héros
Lui fit dire fort à propos.
C'étoit un buste creux et plus grand que nature.
Le renard, en louant l'effort de la sculpture :
« Belle bête, dit-il : mais de cervelle point. »
Combien de grands seigneurs sont bustes en ce point !

Gravures de Grandville

Les deux Mulets

Deux mulets cheminaient, l'un d'avoine chargé,
L'autre portant l'argent de la gabelle.
Celui-ci, glorieux d'une charge si belle,
N'eût voulu pour beaucoup en être soulagé.
Il marchait d'un pas relevé,
Et faisait sonner sa sonnette.
…

L'Âne et le petit Chien

…
Jamais un lourdaud, quoi qu'il fasse,
Ne saurait passer pour galant.
Peu de gens, que le ciel chérit et gratifie,
Ont le don d'agréer infus avec la vie.
C'est un point qu'il leur faut laisser,
Et ne pas ressembler à l'âne de la fable,
Qui, pour se rendre plus aimable
Et plus cher à son maître, alla le caresser.
…
Dans cette admirable pensée,
Voyant son maître en joie, il s'en vient lourdement,
Lève une corne tout usée,
La lui porte au menton fort amoureusement,
Non sans accompagner, pour plus grand ornement,
De son chant gracieux cette action hardie.
Oh ! oh ! quelle caresse ! et quelle mélodie !
Dit le maître aussitôt. Holà ! Martin-bâton !
Martin-bâton accourt : l'âne change de ton.
Ainsi finit la comédie.

L'Âne vêtu de la peau du Lion

De la peau du lion l'âne s'étant vêtu
Etait craint partout à la ronde ;
Et, bien qu'animal sans vertu,
Il faisait trembler tout le monde.
Un petit bout d'oreille échappé par malheur
Découvrit la fourbe et l'erreur
…

Les Animaux malades de la peste

…
L'âne vint à son tour, et dit : J'ai souvenance
Qu'en un pré de moines passant,
La faim, l'occasion, l'herbe tendre, et, je pense,
Quelque diable aussi me poussant,
Je tondis de ce pré la largeur de ma langue ;
Je n'en avais nul droit, puisqu'il faut parler net.
A ces mots, on cria haro sur le baudet.
Un loup, quelque peu clerc, prouva par sa harangue
Qu'il fallait dévouer ce maudit animal,
Ce pelé, ce galeux, d'où venait tout leur mal.
Sa peccadille fut jugée un cas pendable.
Manger l'herbe d'autrui ! quel crime abominable !
Rien que la mort n'était capable
D'expier son forfait. On le lui fit bien voir.

Selon que vous serez puissant ou misérable,
Les jugements de cour vous rendront blanc ou noir.

Le Vieillard et l'Âne

Un vieillard sur son âne aperçut en passant
Un pré plein d'herbe et fleurissant .
Il y lâche sa bête, et le grison se rue
Au travers de l'herbe menue,
Se vautrant, grattant, et frottant,
Gambadant, chantant, et broutant,
Et faisant mainte place nette.
L'ennemi vient sur l'entrefaite.
Fuyons, dit alors le vieillard.
Pourquoi ? répondit le paillard ;
Me fera-t-on porter double bât, double charge ?
Non pas, dit le vieillard, qui prit d'abord le large.
Et que m'importe donc, dit l'âne, à qui je sois ?
Sauvez-vous, et me laissez paître.
Notre ennemi, c'est notre maître :
Je vous le dis en bon français.

14e Année. — N° 136. 10 centimes. 5 juillet 1902.

LE
Petit Français illustré
JOURNAL DES ÉCOLIERS ET DES ÉCOLIÈRES

FRANCE : UN AN, 6 FRANCS (du 1er de chaque mois) | Librairie Armand Colin Paris, 5, rue de Mézières. | UNION POSTALE : UN AN, 7 FRANCS (Paraît chaque Samedi)

La Fontaine modernisé par Christophe.
L'âne chargé d'éponges et l'âne chargé de sel.

L'Âne chargé d'éponges, et l'Âne chargé de sel

Un ânier, son sceptre à la main,
Menait, en empereur romain,
Deux coursiers à longues oreilles.
…

Les Voleurs et l'Âne

Pour un âne enlevé deux voleurs se battaient :
L'un voulait le garder, l'autre le voulait vendre.
Tandis que coups de poing trottaient,
Et que nos champions songeaient à se défendre,
Arrive un troisième larron
Qui saisit maître aliboron.
…

Le Lion, le Singe et les deux Ânes

…
L'autre jour, suivant à la trace
Deux ânes qui, prenant tour à tour l'encensoir,
Se louaient tour à tour, comme c'est la manière.
J'ouïs que l'un des deux disait à son confrère :
Seigneur, trouvez-vous pas bien injuste et bien sot
L'homme, cet animal si parfait ? Il profane
Notre auguste nom, traitant d'âne
Quiconque est ignorant, d'esprit lourd, idiot :
Il abuse encore d'un mot,
Et traite notre rire et nos discours de braire.
Les humains sont plaisants de prétendre exceller
Par-dessus nous ! Non, non ; c'est à vous de parler,
A leurs orateurs de se taire :
Voilà les vrais braillards…

Les deux Chiens et l'Âne mort

…
Témoin ces deux mâtins qui, dans l'éloignement,
Virent un âne mort qui flottoit sur les ondes.
Le vent de plus en plus l'éloignoit de nos chiens.
Ami, dit l'un, tes yeux sont meilleurs que les miens :
Porte un peu tes regards sur ces plaines profondes ;
J'y crois voir quelque chose. Est-ce un bœuf, un cheval ?
Eh ! qu'importe quel animal ?
Dit l'un de ces mâtins ; voilà toujours curée.
Le point est de l'avoir : car le trajet est grand ;
Et de plus, il nous faut nager contre le vent.
Buvons toute cette eau ; notre gorge altérée
En viendra bien à bout : ce corps demeurera
Bientôt à sec ; et ce sera
Provision pour la semaine.
Voilà mes chiens à boire : ils perdirent l'haleine,
Et puis la vie ; ils firent tant
Qu'on les vit crever à l'instant.
…

L'Âne et le Chien

Il se faut entr'aider ; c'est la loi de nature.
L'âne un jour pourtant s'en moqua :
Et ne sais comme il y manqua ;
Car il est bonne créature.
Il alloit par pays, accompagné du chien,
Gravement, sans songer à rien ;
Tous deux suivis d'un commun maître.
Ce maître s'endormit. L'âne se mit à paître :
Il étoit alors dans un pré
Dont l'herbe étoit fort à son gré.
Point de chardons pourtant ; il s'en passa pour l'heure :
Il ne faut pas toujours être si délicat ;
Et, faute de servir ce plat,
Rarement un festin demeure.
…

L'Âne portant des reliques

Un baudet chargé de reliques
S'imagina qu'on l'adorait :
Dans ce penser il se carrait,
Recevant comme siens l'encens et les cantiques.
Quelqu'un vit l'erreur, et lui dit :
Maître baudet, ôtez-vous de l'esprit
Une vanité si folle,
Ce n'est pas vous, c'est l'idole
A qui cet honneur se rend,
Et que la gloire en est due.

D'un magistrat ignorant
C'est la robe qu'on salue.

L'ANE PORTANT DES RELIQUES

Âne jouet
ÂNE OBJET

Tant de symboles incarnés par l'âne ne pouvaient laisser indifférents industriels, publicitaires, ou simples artisans.

Mais voilà : l'âne jouit de plusieurs statuts : l'un, péjoratif, met en exergue sa prétendue bêtise, son entêtement, son imperméabilité aux menaces. Les publicitaires n'y trouvent pas les aspects positifs et générateurs d'adhésion.

L'âne est fréquemment le A des abécédaires pour enfants

Planche d'Epinal destinée à des boîtes de chocolat

Pommeau de canne - art populaire 19e

Souvenir en celluloïd des années cinquante.

Barbotine des années trente.

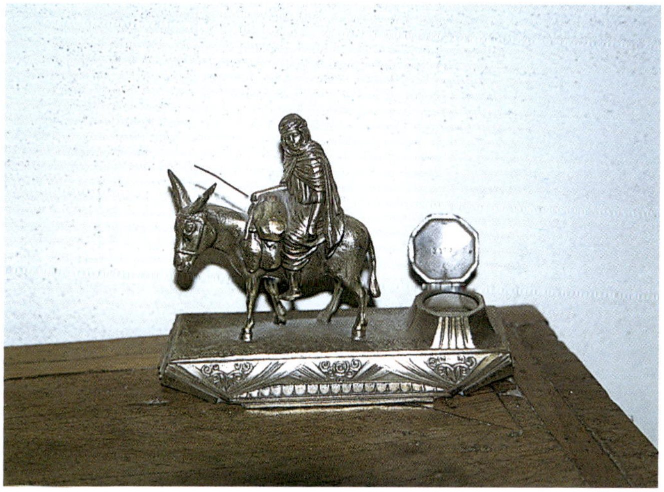

Encrier-souvenir d'Afrique du Nord

L'utilisation de l'âne en publicité sera donc anecdotique, pour ne pas dire confidentielle : quelques boîtes de bonbons, étiquettes de fromages : rien à voir avec le cheval, la vache, la chèvre ou autres…

Pour n'être pas exhaustif, l'aperçu des quelques emballages donnera une petite idée du phénomène.

Gageons que les années qui viennent verront un retour en grâce, dont il n'est d'ailleurs pas certain qu'il soit bénéfique à l'animal.

Ânes à bascule, ânes de manège, ânes à roulettes, en peluche, en carton bouilli, en passe-balles pour jeu de société, en jeux de cartes : la famille baudet, la famille croque-carottes, tout y passera, pour le plus grand bonheur des bambins d'hier et des collectionneurs d'aujourd'hui.

L'artisanat – populaire notamment – y trouvera également son compte : qui rentre de l'île de Ré sans son âne en culotte en plastique ? Dans le Jura, les ânes articulés en bois sont dans toutes les vitrines des années cinquante. Le plus étonnant est presque que jamais n'ait existé un jeu de société spécifique, une sorte d'équivalent du "cochon-pendu" mais, après tout, peut-être cela a-t-il existé dans certaines régions.

Toute autre est la démarche des fabricants de joujoux : l'âne est rigolo, ludique, gentil ; c'est l'ami des enfants. Accessoirement on se servira de son image négative pour le prendre comme symbole de la bêtise – le fameux bonnet, dans toute l'Europe – ou de l'entêtement.

Âne de manège (début du 20e siècle). Ami des enfants, l'âne figurait fréquemment sur les manèges. Celui-ci, fabriqué par Bayol à Tours, possédait une tête articulée : immobile à l'arrêt, la mise en mouvement du manège et l'inertie d'un contrepoids imprimaient à la tête un mouvement alternatif de haut en bas, faussement figuratif du fameux Hi-Han

Petit manège pour enfants

Ânesse en bronze de Jan Van Naeltwijck.

LES PRODUITS DÉRIVÉS DE L'Âne

> *« C'est avec le cuir de l'âne que les Orientaux font le sagri que nous appelons chagrin. »*
>
> Buffon
> *Histoire Naturelle*

On a coutume de dire que rien ne se perd dans le cochon : c'était encore plus vrai pour l'âne. Il y avait de son vivant des matières organiques : lait d'ânesse, que nous évoquons par ailleurs, et crottin, très estimé des jardiniers.

Il y avait, aussitôt après sa mort, la viande, qu'elle fût transformée en saucisson ou consommée en biftecks et ragoûts divers. Un ouvrage publié durant le siège de Paris en 1871 donne à ce sujet de nombreux conseils et recettes : grosso modo les mêmes que pour le cheval. Et on peut parier avec même quelques éléments de preuve que durant les campagnes napoléoniennes et bien plus tard au début du 20e siècle durant les guerres coloniales, plus d'un âne, plus d'une mule finirent en steaks rationnés et providentiels.

Mais dans la vie "civile" quotidienne, il y avait, et depuis longtemps, tout le reste, notamment la peau, les os et les sabots.

La peau tout d'abord : sa souplesse, son extrême solidité et sa relative transparence en faisaient la matière première de choix pour deux utilisations essentielles : le vélin et la surface sonore des tambours et grosses caisses.

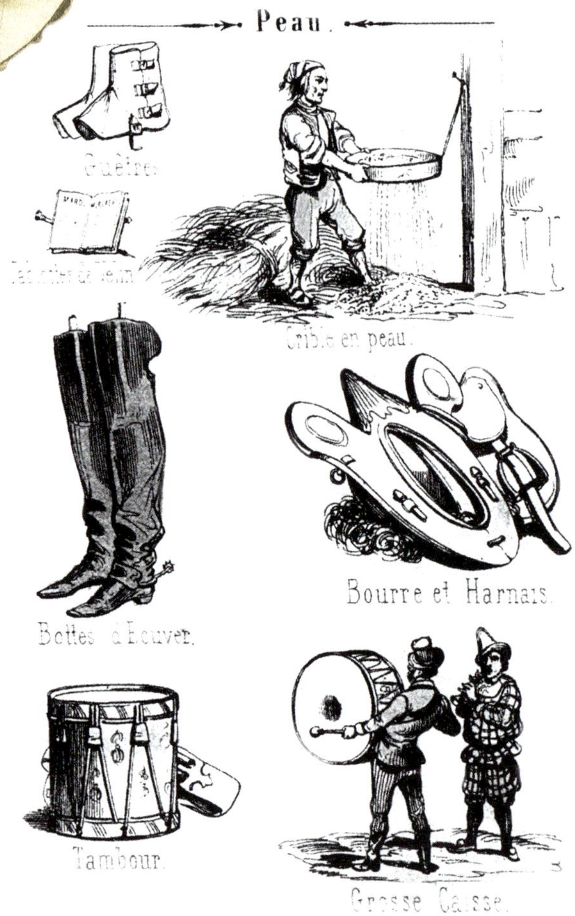

On sait que le vélin était à l'origine de la peau de veau, puis du veau ou du mouton. Mais les manuels de tannerie sont formels : la peau d'âne est bien plus simple à travailler, et les utilisateurs la trouvaient plus souple à rouler, à plier ou à coudre. C'est d'ailleurs la peau de l'âne qui servait historiquement à la fabrication du chagrin, ce cuir si estimé en reliure.

Quant aux tambours, ils étaient exclusivement tendus en peau d'âne, sa résistance permettant une tension extrême.

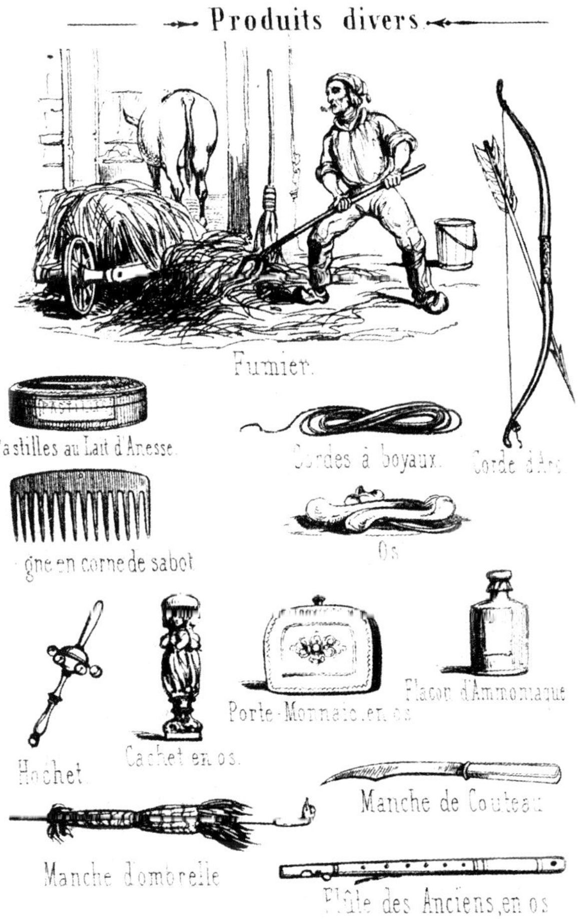

Les os de l'âne ont fourni durant des siècles la matière première à plusieurs activités artisanales : tabletteries, bibelots, manches d'instruments divers, couverts, ombrelles, pions, jetons, petites boîtes, la majorité de ces objets était travaillée en os d'âne. Ce dernier possédait sur ses concurrents, de bœuf ou de mouton, l'avantage d'une taille intermédiaire et d'un grain plus fin, plus proche de l'ivoire.

Le sabot, nous l'avons dit, est d'une résistance sans égale, bien supérieure à celle du cheval ou du bœuf. On l'utilisait donc à la fabrication de menus objets en corne dont les formes fines et la fonctionnalité trouvaient là une matière première de choix ; presque tous les peignes du 19e sont en os d'âne.

Encore faudrait-il parler des boyaux utilisés en archerie ou en lutherie, ou des poils, qui remplaçaient parfois avantageusement les bourres de paille ou de cuir.

La queue de l'âne était aussi récupérée : la croyance populaire lui attribuait le mérite supposé d'être l'instrument privilégié du carillonneur…

On en faisait aussi certains pinceaux à longs poils durs, ce que Roland Dorgelès mit à profit pour réaliser en 1910 un canular resté célèbre : avec quelques compères agacés par l'émergence d'un art peu académique, ils avaient fait peindre un tableau par un âne vivant, lui trempant successivement le bout de la queue dans quelques pots de couleurs savamment choisies. Présentée au Salon des Indépendants sous le titre *Coucher de soleil sur l'Adriatique* et signée d'un certain Boronali, l'œuvre reçut un accueil enthousiaste des critiques branchés.

Un zeste de perspicacité leur eût fait découvrir que Boronali n'était autre qu'un anagramme d'Aliboron…

Une écurie bien sombre a trois intérêts :
l'abri l'hiver, la fraîcheur l'été, et le fait que les mouches ne s'y plaisent pas.

*« L'âne est subtil.
Il répond à la brutalité par le mépris,
à l'indifférence par le regret,
à l'affection par l'amitié. »*

5e partie

L'âne en Pratique

AVOIR
un Âne

C'est un rêve à nouveau caressé par de nombreux particuliers, non éleveurs. Dieu merci, contrairement aux chiens, chats et autres animaux de compagnie, on ne peut pas s'offrir un âne sur un coup de tête.

Car il y a au moins une contrainte : posséder un bout de terrain, ou au moins pouvoir en disposer. Cela exclut l'âne des villes et des banlieues, pour lesquels il n'est manifestement pas fait – les ânes du jardin du Luxembourg à Paris étant une exception.

Ce principe posé, n'importe quel terrain ne convient pas automatiquement. Les éleveurs considèrent que 3 000 m² dévolus à l'âne sont une surface minimale, d'autant que l'âne seul a tendance à s'ennuyer, et cette situation peut le conduire à devenir ombrageux. Un compagnon à quatre pattes de son gabarit lui est presque aussi indispensable qu'un maître affectueux : cheval, chèvre… ou âne.

Vous voilà donc avec huit pattes… Un demi à un hectare, non enclavé dans des constructions, est une bonne surface ; les facteurs favorisants sont :

– de la végétation,

– des arbustes ou des arbres, ne serait-ce que pour l'ombre, l'abri, ou rompre la monotonie,

– la présence d'une vie animale ou humaine à proximité.

Si en plus il y a un point d'eau (attention, l'âne est difficile sur sa qualité), un abri en planches pour les jours de grosse pluie, et quelques ronces et chardons pour satisfaire sa gourmandise, c'est le bonheur.

L'âne aménagera lui-même sa baignoire ; entendez par là une surface de terre sans végétation sur laquelle il se roule chaque jour avec délice lorsqu'elle n'est pas mouillée : c'est sa façon à lui de se laver, de se brosser pour entretenir son poil et se débarrasser des parasites.

S'il a suffisamment à manger, une visite quotidienne n'est pas indispensable, mais l'âne l'apprécie énormément : et comme il a bonne mémoire, si l'on n'est pas certain de pouvoir passer tous les jours à la même heure, mieux vaut varier le rythme : l'âne devient malheureux si la visite n'a pas lieu.

Idem pour les gâteries : croûtons, pommes, poires doivent être distribués irrégulièrement sous peine de grosse déception en cas de manque.

L'âne brait. C'est indubitable. Selon les cas et les situations, cela peut aussi être drôle, sympathique, attendrissant ou carrément insupportable.

Mais cela peut aussi être précieux : l'âne est doué d'une ouïe très fine. La nuit, si quelqu'un qui n'est pas son maître, pénètre dans l'enclos, il y a de grandes chances pour que l'âne se mette à braire, ce qui est, pour le commun des cambrioleurs, directement et indirectement extrêmement dissuasif.

Toutefois, si le chien errant du voisin vient régulièrement vers trois heures du matin rendre visite à vos ânes, cela peut devenir lassant pour le voisinage…

Le choix du sexe sera dicté par ce qu'on attend de l'âne : une ânesse pour la douceur et les ânons, un mâle pour de menus travaux ou l'attelage, en sachant que l'ânesse est tout à fait capable de réaliser quelques travaux, sauf les derniers mois lorsqu'elle est pleine.

Il y a deux contre-indications de voisinage à la présence d'anes dans un terrain : l'existence d'un chenil et celui d'un héliport.

On sait que l'âne, qui s'entend bien avec presque tous les quadrupèdes, nourrit pour les chiens une méfiance que la petite bête lui rend bien. Les chiens errants sont donc indésirables : ils comprennent d'ailleurs rapidement qu'il leur faut contourner l'enclos. La présence d'un chenil est autrement gênante : à certaines heures, les chiens aboient. Malheureusement la caravane ne passe pas et, dans ce cas, l'âne va se mettre à braire, faisant systématiquement redoubler les aboiements.

La présence d'un héliport (hôpital, pompiers, militaires ou riches voisins) est un empêchement moins connu : comme tous les équidés, et contrairement aux bovins par exemple, l'âne est extrêmement sensible aux ultrasons : ceux-ci le rendent comme fou par des douleurs violentes dans l'oreille interne ; or l'extrémité des pales de l'hélicoptère génère des ultrasons continus et très aigus.

Hormis ces cas particuliers, le reste repose sur le bon sens : en parler auparavant à ses voisins relève du savoir-vivre.

Généralement l'entourage sera plutôt attendri et les gâteries ne manqueront pas.

Un conseil encore : vérifier au moment de l'achat que les papiers sont en règle : la déclaration d'un âne est à présent obligatoire. Une visite de votre vétérinaire en présence du vendeur si possible sera une autre utile précaution à renouveler – sans le vendeur – chaque année par routine sanitaire.

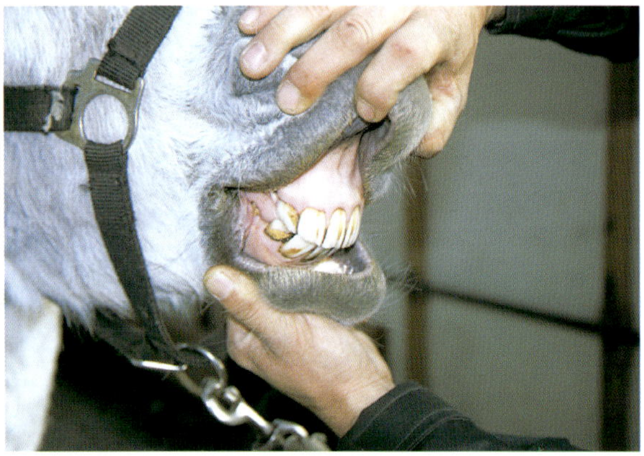

L'examen de la dentition de l'âne renseigne précisément sur l'âge de l'animal.

Pas de fumée...

Si vous passez du côté d'Arles, et si votre chemin vous fait passer par la route de Raphèle, vous pourrez voir dans un pré un troupeau d'une douzaine d'ânes de Provence.

L'été, avec la sécheresse, le champ ressemble plus à un morceau de désert, et les ânes qui s'y roulent avec délectation soulèvent des nuages de poussière…

Un soir d'été qu'elle dînait tranquillement devant la télévision, la famille Rafanel fut alertée par des bruits de pas vifs : on cogna à la porte.

Madame Rafanel, soucieuse, ouvrit : une Parisienne et son fils, haletants et effrayés :

« Madame, venez vite, il y a un de vos ânes qui brûle ! »

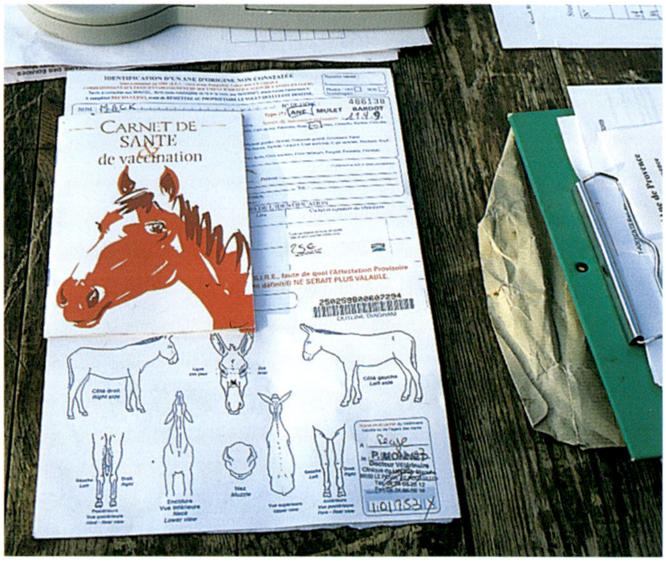

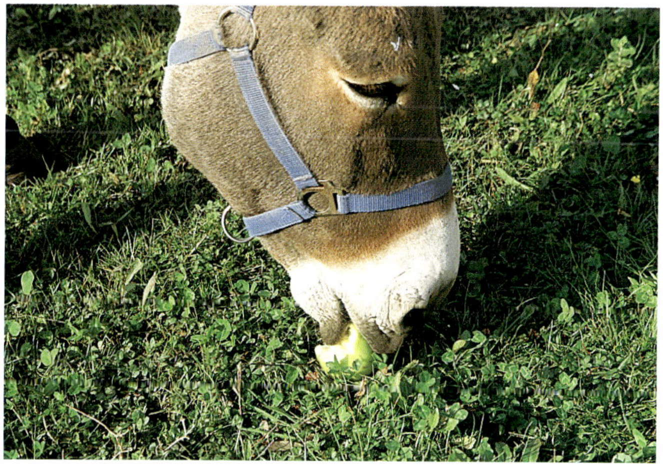

Sous réserve de quelques petites attentions irrégulières mais fréquentes, pommes, croûtons, carottes, la vie d'un âne de compagnie est souvent un long fleuve tranquille ponctuée de siestes profondes. L'un des moments intenses reste la naissance d'un ânon puis son "éducation" par l'ânesse.

EN GUISE DE conclusion

On l'aura compris, je suis un inconditionnel de l'âne. Je ne suis pas le seul puisqu'on compte en France plus de 30.000 ânes et mulets. Ce chiffre est à présent en augmentation légère mais constante et permettra probablement de sauver plusieurs "familles" menacées. C'est tant mieux. Comme il est aussi très satisfaisant de constater que la vocation de l'âne a sensiblement changé. L'âne est devenu un animal de compagnie, pour ne pas dire d'ornement. Certes, on l'utilise pour entretenir des terrains, pour en débroussailler d'autres, mais surtout comme porteur, compagnon de randonnées. Peut-être d'imprévisibles évènements associés à la tendance ambiante de retour à la nature lui redonneront-ils la place qu'il occupait voici encore un siècle. Mais n'oublions pas qu'ailleurs dans le monde, il est encore un précieux auxiliaire. Deux exemples, certes anecdotiques, relevés récemment dans la presse et les documentaires télévisés : à Valparaiso, au Chili, dès 14 ans, les jeunes ont le droit de circuler à âne, et pour bien le montrer, le "permis" officiel est enrichi d'une photo d'identité du conducteur et de sa monture !

Loin de là, au large du Cap, en Afrique du Sud, existe une île dite *l'île aux ânes*. Les automobiles n'y ont pas accès, et seuls environ trois mille ânes y circulent librement. On les utilise pratiquement en libre service ; plus extraordinaire encore, "l'entretien" est assuré par une clinique vétérinaire. L'un des responsables assurait au reporter que tous les ânes en connaissaient parfaitement l'emplacement et s'y rendaient spontanément lorsqu'un bobo les tracassait !...

Il eut encore fallu dire mille choses des ânes et de leurs « bonnes qualités » comme disait Diderot : que par exemple, l'âne s'accommode de presque tous les éléments, sauf le vent froid. Il ne déteste pas la pluie, il trouve la neige amusante s'il a un abri. Mais en plus, il prévoit les intempéries : Louis XI sut le mettre à profit. Écoutons Cajot :

Un jour que ce Prince, après avoir consulté son Astrologue qui lui avait promis le plus beau temps du monde, s'amusait à chasser, je ne sais dans quelle forêt, il rencontra un vieux charbonnier qui marchait fort tranquillement avec un âne. Louis XI, qui aimait à parler, ne put s'empêcher de questionner ce bon homme. Entre autres choses, il lui demanda si la journée se passerait sans pluie. Le charbonnier répondit qu'il ne tarderait pas à pleuvoir, qu'il en était sûr ; que son âne lui avait dit. Le Roi rit beaucoup de cette réponse, et continua de chasser ; cependant le ciel se couvre, la pluie commence ; et Louis XI, tout Roi qu'il était, fut honnêtement mouillé. Il reconnut alors que le charbonnier et son âne, n'avaient pas tort ; il fit venir l'un et l'autre à la Cour, leur donna les mêmes appointements qu'à son Astrologue, qui fut chassé avec ignominie.

Il faudrait dire encore que l'âne, sous réserve de ne pas être seul, est tolérant avec le reste du règne animalier dans son ensemble : seuls les chiens agressifs le renfrognent et, s'il n'aime pas les serpents, c'est qu'il se méfie des vipères : les muletiers plaçaient au pied de la première mule une sorte de bracelet à grelots pour les faire fuir.

Face à un animal aussi subtil, et au moment où le saucisson d'âne n'est pas plus toléré que la viande de cheval, on ne peut que souhaiter son retour en grâce, puisque l'ère du martin-bâton est aujourd'hui bel et bien révolue.

Si cet ouvrage pouvait y contribuer, si peu que ce fût, ce serait infiniment gratif*hi-han*.

XII. — LES TROIS FRÈRES, par Mlle Rosa Bonheur.

Au 19e siècle, les préjugés avaient la vie dure : ce chromo à système montre la jolie petite bourgeoise sur son cheval et la petite paysanne sur son âne…

LE NOM DES Ânes

Oui-Oui des Filagues

Comme tous les animaux domestiques, ânes et mulets héritent d'un nom. L'imagination est plus étendue en la matière qu'on pourrait le penser. Les classiques ont la vie dure : Martin, Cadichon, Têtu sont des valeurs sûres. Mais à présent, la fantaisie vient pimenter les prés : noms ou prénoms de vedettes du grand écran ou du petit, ou de la politique (attention, un âne vit vingt-cinq ou trente ans !), personnages célèbres de romans ou de bandes dessinées, sont fréquemment mis à contribution : Heuro, Popeye, Astérix, Milou, Mafalda, Yoko, tout y passe, et finalement le nom s'efface derrière l'animal et son caractère. Le Petit Larousse, ses adjectifs et ses noms propres sont la source la plus universelle – pour les Français.

Si l'on souhaite respecter le calendrier officiel, il est bon d'avoir en point de repère qu'en 2000 l'initiale labellisée était ***M***, et donc ***N*** en 2001, ***O*** en 2002 et ***P*** en 2003.

Pour éviter les troupeaux de Yoyo et de Zorro, les autorités compétentes ont décidé de supprimer purement et simplement les quatre dernières lettres, casse-tête de l'alphabet. Arrivés à ***V*** – en 2009 – on repartira à ***A*** en 2010.

Eurydice du Calan

Framboise du Calan & Papouille de Kalan

LE PRIX D'UN Âne

L'âne n'est pas coûteux en entretien. Peu exigeant en nourriture et en activités, il est très éloigné du cheval sur ce plan. Encore faut-il le dénicher. Globalement, les effectifs sont en hausse et la réhabilitation et un phénomène de mode aidant, il n'est pas compliqué aujourd'hui de s'en procurer. Il y a trois pistes :

Le voisin ou une relation qui possède une ânesse : cela vous coûtera alors entre zéro et sept cents euros.

Un élevage reconnu : il en existe à présent entre cinq et dix par famille.

À titre d'exemple, pour les ânes de Provence, les prix moyens pratiqués sont les suivants :

- ânon sevré : 700 €
- ânesse inscrite au livre A : 2.200 €

Ce sont là des moyennes constatées qui peuvent varier en fonction de l'animal, de son ascendance (inscrite ou non aux livres A ou B), de la robe, etc…

Une troisième piste est celle de l'élevage de fait : des agriculteurs, des bergers ou des amateurs possèdent souvent trois, cinq, dix ânesses et un ou deux étalons. Il leur est régulièrement nécessaire de se séparer de deux ou trois ânes : les prix sont dans ce cas strictement "à la tête du client", c'est-à-dire basés sur l'offre et la demande.

Le coût d'une saillie est à peu près uniforme sur toute la France : 45 € .

Toutes les familles sont à peu près alignées en prix sur les chiffres ci-dessus… qui sont très éloignés des tarifs extravagants en vigueur au début du siècle pour les baudets du Poitou ; mais il est vrai qu'il s'agissait alors de géniteurs alimentant la juteuse filière mulassière.

Sucette & Gratouille, mère et fille.

Le calendrier des ânes

1884 : les Baudets du Poitou voient créé le premier stud-book des ânes. C'est l'an I de l'ère des ânes. Par exemple l'An 2000 n'est rien d'autre que l'an 117 des ânes !

L'été :
- Sucredor
- Tétinor
- Roulador

L'automne :
- Oreillaire
- Ventrataire
- Avoinaire

L'hiver :
- Paillose
- Granulose
- Grattose

Le printemps :
- Chardonial
- Epinal
- Paturial

Et maintenant les jours de la semaine… Finis les jours dont on ne sait plus l'origine du mot, et bienvenue aux jours à la couleur de la nature !

1 : Difoin
2 : Dipomme
3 : Dipaindur
4 : Diorge
5 : Dicarotte
6 : Dison

Et le dernier jour, où l'âne se repose :

7 : Dimâne

Orage du Calan, Kalan dit Bourriquet, Kalinou du Calan

l'âne SUR INTERNET

Il est désormais impossible d'évoquer un sujet en profondeur sans évoquer les principaux sites qui s'y rapportent. En complément du papier en effet, ils apportent l'interactivité, la mise à jour permanente, et bientôt de vraies séquences animées.

Certains sont des incontournables et on peut être presque certain à présent qu'ils existeront encore dans cinq ou dix ans.

En France, bourricot.com est sans conteste le plus complet. Abordant tous les sujets relatifs aux grandes oreilles, on y trouve tout sur les ânes, du plus sérieux au plus loufoque, le tout abordé avec bonhomie et sans se prendre précisément au sérieux. Le calendrier des ânes de la page précédente en est extrait, c'est tout dire. Mais qu'on ne s'y trompe pas, ceux qui se veulent le premier site internet non-fumeur veillent à la bonne tenue des informations diffusées et J.L. Clouteau, un vieux routier du monde asin, s'est entouré de spécialistes.

Rançon du succès (plusieurs milliers de visites par mois), le forum – souvent intéressant – sur le plan pratique de l'élevage est un peu squatté par quelques désœuvrés ou éleveurs en mal de pub. Mais la liberté est à ce prix.

Un aperçu du sommaire :

En France, il faut encore citer :
hi-han.com ; donkeyweb ; calane.free.fr
âñe-randonnée.com et bien d'autres.

Ailleurs, quelques autres incontournables pour les anglophones : lovelongears.com ; donkeybreedsociety.co.uk ; cadama.org ; thedonkeysanctuary.org.uk ; esel.org ; ydms@charter.net etc…

Il y a toujours la ressource d'aller sur un moteur de recherche comme *Google* ou *Alta vista* et frapper *âne* ou *donkey* ou *esel…*

bibliographie,

L'AUTEUR ! L'AUTEUR ! L'AUTEUR !
LES VOICI, MESSIEURS ! LES VOICI.

Le plus ane des trois n'est pas celui qu'on pense.

Les ouvrages sur l'âne sont rares. Si une bibliothèque francophone sur le cheval contient couramment plus de mille volumes, et parfois deux mille, une bibliothèque de dix volumes sur l'âne est déjà exceptionnelle. Encore contient-elle inévitablement, mais c'est normal, quelques ouvrages sur les mulets.

Si l'on s'en tient aux ouvrages consacrés exclusivement à la matière asine, le tour est vite fait. En revanche, les livres contenant un chapitre sur l'âne sont beaucoup plus nombreux. Et si l'on accepte de déborder sur tel ou tel aspect légendaire, comptes rendus de voyages, contes, fables, la liste devient pléthorique.

On trouvera donc ci-dessous une sélection arbitraire, et par définition non exhaustive, mais cohérente :

Éloge de l'Asne par un Docteur de Montmartre ; Londres et Paris 1769 (attribué à Cajot, Dom Joseph)

L'Âne promeneur ou Critès promené par son Âne ; A Pampelune, chez Démocrite, au Grelot de la Folie 1786 (attribué à Joseph Gorsas)

De l'amélioration de la race des ânes ; P.G. de Labaume, Paris 1817

Histoire naturelle et économique du cheval, de l'âne et du mulet ; par C.P. de Lasteyrie 1834

Nouveau traité des robes ou nuances chez le cheval et le mulet ; V. Brivet, Paris 1844

Du lait ; Bouchardat et T.A. Quevenne 1857

Les mammifères ; édition française, A.E. Brehm, Paris 1891

Le livre de l'âne ; Alain Raveneau et Jacky Davezé, éd. Rustica 1994

L'esprit de l'âne ; René Volot, éd. Cheminements 2001.

Et pour les enfants, petits, grands, très grands ou carrément très vieux :

Mémoires d'un âne ; Comtesse de Ségur

Voyage avec un âne dans les Cévennes ; Robert L. Stevenson

et, bien sûr, les *Fables* de La Fontaine.

Remerciements

M. ALBOUY, haras d'Uzès
Mme BIGNON, association *L'âne de Provence*
M. BLANC, vétérinaire dans le Var
M. Jean-Jacques BOURGEOIS à l'Isle-sur-la-Sorgue
M. et Mme CATHERINE à Palavas
Mme le Pr CHATELAIN, école vétérinaire de Lyon
M. CLOUTEAU, et bourricot.com
M. Jacky DAVÉZÉ
M. ESCOFFIER à Eyguières
M. Patrick FABRE à Aix en Provence
M. Philippe FERRAND et la Bibliothèque Méjanes à Aix-en-Provence
M. Jacques GAGNIÈRES aux Angles
La famille GROS à Saint Rémy de Provence
Isabelle LECONTE à l'Isle-sur-la-Sorgue
Jacqueline LUSARDY à Saint-Remy-de-Provence
M. MOUCADENE à Maussane
Musée de l'Assistance Publique des Hôpitaux de Paris
Musée Crozatier au Puy-en-Velay
Musée Languedocien à Montpellier
M. OLLIVIER à Villelaure (04)
Mme PIAULT à Cholet
Mme RAFANEL à Raphèle-lès-Arles
Mme RICHARD dans le Gard
M. J.P. SCIALOM, le Cal'âne à Saint-Andiol
Mme Claire VIC

Les aquarelles de cet ouvrage
sont dues au pinceau de Pierre HOY.

J.L. Demarne : Départ pour le marché
Musée des Beaux - Arts de Dijon. Photo François Jay.

Achevé d'imprimer en novembre 2003 sur les presses de l'imprimerie Grafiche Zanini à Bologne (Italie).

3ème édition

Photogravure Quadriscan, à Oraison, dans les Alpes-de-Haute-Provence

Sauf exceptions mentionnées, les documents et objets proviennent des collections de l'auteur.